FINANCIAL SWAP

金融交換實務

李麗 著

三 民 書 局 印 行

國家圖書館出版品預行編目資料

金融交換實務 FINANCIAL SWAP／

李麗著 －－三版 －－ 台北市：三民，民86

面；　　公分.

ISBN 957-14-0433-0 (平裝)

1.金融市場　I.李麗著

561.7/845

網際網路位址　http :∥ www. sanmin. com. tw

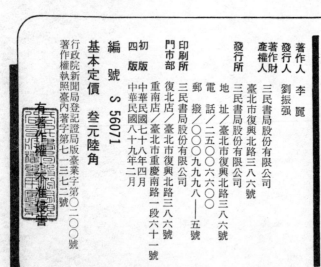

© 金融交換實務 FINANCIAL SWAP

著作人　李麗

發行人　劉振強

產著作財權人　三民書局股份有限公司

發行所　三民書局股份有限公司
　　　　地址／臺北市復興北路三八六號
　　　　電話／二五○○六六○○
　　　　郵撥／○○○○九九九八——五號

印刷所　三民書局股份有限公司

門市部　復北店／臺北市復興北路三八六號
　　　　重南店／臺北市重慶南路一段六十一號

初版　中華民國七十八年四月
四版　中華民國八十九年二月

編號　S 56071

基本定價　叁元陸角

行政院新聞局登記證局版臺業字第○二○○號

著作權執照臺內著字第七一三七二號

ISBN 957-14-0433-0 (平裝)

自 序

　　筆者自民國62年進入金融機構工作以來，十餘年間有幸親身經歷許
多重大的外滙變革。從外滙統收統支的清算制度迄今的市場運作，均因
工作關係與筆者的日常生活息息相關。身為外滙市場上長期的工作者，
筆者深切瞭解我國外滙市場中卽期市場與遠期市場的某些缺憾，亦因此
對於民國 72 年間未經政府規劃而自然成立的換滙市場(Swap Market)
深感興趣，這是筆者初識「SWAP」。

　　近幾年來，國際金融環境有明顯的演變，而「SWAP」在這演變中
居重要的地位，這使得筆者對「SWAP」更感興趣。

　　經由對 SWAP 的認識與接觸，筆者深深喜歡上這項仍然嶄新的金
融工具與金融技術，並認為值得介紹。

　　「SWAP」卽交換，交換是一種非常普通亦普遍的行為，在金融市
場上，「SWAP」是金融工具的交換，簡稱金融交換 (Financial Swap)。
交換行為能達成，是因參與交換者均能從交換結果中獲利，在此情況
下，交換能增進整體的利益，因此交換交易不是一場你輸我贏的零和遊
戲 (Zero-sum Game)，而是一場人人都是贏家的增和遊戲 (Positive-
sum Game)。在滙率風險日漸增加的今日，「SWAP」的這種特性非常
具有正面與積極的意義，是其他帶有投機性質的金融工具與技術如金融
期貨 (Financial Futures) 或金融選擇權 (Financial Options) 所沒有
的。

　　交換通常並不是某項問題的唯一解決方式，相反的，交換通常只是

一種選擇。從數個不同的解決途徑中找出最佳者，是非常有趣與令人興奮的一件事，「金融交換」正是如此。

　　金融交換的歷史尚淺，交換市場仍然年輕多變，交換的觀念雖然十分簡單，但技術卻十分複雜。筆者學識淺薄經驗不足，疏漏之處在所難免，尚祈指正。本書承蒙第一聯美銀行副總經理石玉成先生及英商標準渣打銀行副總經理湯建揚先生於百忙中撥冗審訂，謹此致謝。本書中所有觀點純係作者個人意見，與服務機關無涉並由作者個人自負文責。

目次

圖　目

表 目

重要公式

前　言

　　一九八〇年代國際金融環境有着明顯的變化，這些變化歸納起來可說是金融自由化 (Deregulation)、金融證券化 (Securitization)、金融創新 (Innovantion) 與金融整合 (Integration)。

　　自一九七〇年代後期起，各先進國紛紛解除金融管制：一九七四年美國廢止資本外流的管制；一九七九年英國撤銷外滙管制；一九八〇年日本修改外滙法。上述各重要工業國家的解除外滙管制，使各國的經濟主體（企業、個人及政府機構等）能在本國市場以外的其他市場上自由籌集及運用資金，換言之，其金融活動範圍已超越了本國國境，此種現象即一般所謂的金融國際化。

　　另一方面，近幾年來，一些信用優良的大公司企業或組織機構紛紛捨棄傳統上由銀行管道間接取得資金的方式而直接自投資人處取得資金，其方式是在貨幣市場或資本市場上發行證券。這些大企業發行債券所付的利息要比自銀行借入來得便宜，而投資人購買債券所得之報酬，亦要比資金存於銀行所得利息要高，因此只要借款者的信用能被市場接受，這種直接借貸方式對債權與債務人雙方都有好處，「金融證券化」遂成爲八〇年代以來不可抵擋的金融趨勢。證券化後的金融工具（不論是債權或債務）增加了可交易性及流動性，使金融活動更趨向於市場化 (Marketization)。惟另一方面，金融證券化使傳統上銀行的資金中介地位逐漸喪失，以致對銀行的業務經營有莫大的衝擊。

　　在金融自由化、國際化、證券化與市場化的發展趨勢下，市場上的競爭日益激烈，金融消費者的要求日益複雜，金融機構爲維持競爭優勢必須不斷提高金融服務的效率，於是各種改良過的或新開發的金融工具（金融商品）與金融技術紛紛出現，形成所謂的金融創新局面。金融創新的目的或爲有效調度資金、或爲分散風險，或爲規避政府管制。在金融創新局面下新出現的金融工具雖多得不勝枚舉，但能滿足上述各種目

的的惟金融交換而已。

金融國際化雖使經濟主體能夠超越本國國境尋求一最有利的金融市場，但如何使經濟主體之最有利條件與其需求配合，仍待技術解決。在此背景下，金融交換自登場後即迅速發展起來。有了金融交換經濟主體在從事金融活動時，不再受限於某個市場、某種工具、某類貨幣或某樣條件的資金，而能以全世界的市場及各種金融工具為對象，以自己最有利的條件從事金融活動。傳統上基於比較利益原理而產生的實質面國際貿易活動，已因金融交換的運用而進一步擴展到金融面的金融活動上。

金融交換使得全球各市場緊密相連，造成金融整合並使金融國際化更進一步發展至金融全球化（Globalization）。很明顯的，金融證券化、金融自由化、金融創新及金融市場整合以至於金融全球化，是彼此相輔相成互相影響的，這情況正是八○年代以來金融環境演變上的特徵，而形成這種特徵的主要原因之一是金融交換的運用。

自一九七三年布列敦森林制度（Bretton Woods System）崩潰後，主要工業國家的滙率紛紛浮動，國際間滙率風險大增。一九七九年美國聯邦準備理事會主席 Volker 上任後，為控制國內嚴重的通貨膨脹，將貨幣政策由利率的主導改為貨幣供給額的控制，並將利率交由市場決定，導致利率風險大增。一九八○年代更是一個滙率與利率風險皆顯著的年代。風險增加後，避險的需求增加，避險的工具與技術應運而生，金融交換是其中主要的一種。金融交換的特性之一，是其效果只顯示在金融面而不影響法律面，因此在因政府有外滙管制或有其他規定（如稅制及補貼制度等），以致造成不公平競爭環境的市場上，金融交換亦是很好的規避或套利工具。

不論國內外，金融交換的運用都是近幾年的事。第一筆金融交換交易發生於一九八一年，為 IBM 公司與世界銀行間的貨幣互換（見p. 202）。

因爲當事人的高知名度，該筆交易所產生的教育及示範效果極大。一年
後（一九八二年）同樣的觀念和技巧被使用在計息方式不同的同種貨幣
上，尤其是分別以固定利率和變動利率計息的美元上。由於美元市場旣
深又廣，這種利率交換的交易很快的發展，成爲金融交換交易的主要部
分。

　　在我國，民國七十二（一九八三）年，漢華銀行與摩根銀行成交了
第一筆「換滙交易」（是金融交換交易的一種方式），從此我國的換滙市
場建立起來，這是我國第一個在市場需求下自然成立的市場，比起其他
政府設立的市場如：貨幣市場、外滙卽期與遠期市場來，這也是唯一一
個具有市場意義的市場，惟美中不足的是，至今（一九八九年）我國的
換滙市場參與者仍只限於各外滙指定銀行，而換滙的目的亦多限於短期
資金的調度，比起國際上的金融交換交易來，我國的換滙交易只發揮了
極小一部分的功能。

　　本書分爲六章，分別介紹金融交換的意義，金融交換的利益，交換
市場，利率與貨幣交換，交換的風險，交換的契約文件、會計處理，交
換價格的決定，以及換滙交易和我國的換滙市場等。簡單的說，本書企
圖說明爲什麼交換（交換有什麼好處）？什麼樣的東西（金融工具）可
以交換？如何交換（利率與貨幣）？交換有沒有風險？交換的理論與實
務是否存有差距（如我國的遠期外滙市場）？以及我國的換滙市場現況
如何？等問題。爲增加讀者對理論的了解，上述各種理論說明都輔以實
際舉例，因爲金融交換的觀念基本上很簡單，但技術上很複雜，因此本
書特別注重實務舉例，以免讀者對金融交換產生過於簡單或過於複雜的
偏頗看法。

　　交換交易多與新證券的發行同時進行，用以降低資金取得的成本
（卽 Debt Swap），國際上債券發行的金額通常十分龐大，交換交易的單

位成交金額因此亦不小，加上金融交換的技術十分複雜，常需要法律、會計、稅務等專業人員與銀行家經過數日甚至數週的商討以訂定契約文件，所費時間與金錢增加了金融交換的使用成本，也降低了金融交換的實用性。惟近年來，經過 ISDA 及 BBA 等機構組織的努力，製定金融交換的標準用語與慣例，簡化及標準化金融交換的契約形式，致使進行金融交換所需的文件處理時間與費用大爲減少，對金融交換初級市場的普及與次級市場的發展都大有助益，尤以美元固定利率和變動利率的交換市場已趨成熟，這種簡化工作十分必要。

我國自民國七十六年七月放寬外滙管制後，金融自由化與國際化已成無法阻擋的趨勢，金融創新亦漸露曙光，對於小型開放經濟的我國來說，隨着經濟發展及新臺幣大幅升值，今後企業的經營發展更需基於國際比較利益的原則，採行全球化經營策略，對國際金融環境的演變密切注意。大公司企業勢必如此，中小企業亦需如此。

在滙率、利率變動頻繁，風險日增的今日，財務處理、資金調度與風險規避的技巧影響企業經營至鉅。在以前滙率與利率風險皆由政府承擔的時代，企業經營的重點在生產製造與銷售，即企業經營的成敗主要在生產力（貿易所得），如今企業的財務力（財務或金融所得）不但與企業的生產力同等重要，在前（七十六）年新臺幣狂飆的情形下，甚且超過。影響公司企業財務力者，不僅僅是公司企業的資金實力，更是公司企業處理財務的能力，而這能力的培養需靠專業知識與技巧，學習和經驗二者缺一不可。隨着外滙管制趨於更加開放，國內市場與國際市場趨於整合，企業經營不得不加強財務力，以對應並進而利用日益影響企業經營的市場風險（滙率、利率等），金融交換即是一種非常卓越的財務處理、資金調度及風險規避的有用工具。

金融交換不僅對公司企業、政府機構等交換交易的最後交換者（The

End Users）極為有用，金融交換對金融機構的重要性亦十分顯著。金融機構可以運用交換交易為財務處理、資金調度及風險規避的良好工具，一如公司企業等，成為金融交換的最後交換者。傳統上，金融機構是資金的中介者，最接近資金的需求者及供應者雙方，以致很自然的亦成為金融交換交易的中介者，提供信用與技術服務，賺取手續費。受金融證券化的影響，銀行傳統上的主要業務（存放款業務）不但業務量大減且品質日益惡化，手續費收入不但彌補了銀行存放款利息差額收入減少的業務危機，亦降低銀行的資產（放款）損失風險。此外，因金融交換屬於資產負債表外（OBS）的業務，在政府日益嚴格的資本適足性（Capital Adequacy）要求下，是一片值得開發的領域。

在有些國家，換滙交易被中央銀行用作為貨幣政策工具，如西德。另有些國家，換滙交易被中央銀行用作為某種資金的提供工具，如韓國（我國中央銀行在六十八年二月一日至二十五日這段期間亦曾為此目的與外滙指定銀行進行換滙交易）。自我國換滙市場成立後，國內外滙指定銀行即不斷提出希望中央銀行參與換滙交易的呼籲，唯中央銀行始終不為所動。

在國際上，各國中央銀行間亦常有換滙協議（Swap Agreement），如美國紐約聯邦準備銀行與其他 14 家外國中央銀行間及清算銀行間之換滙協議，組成了一個換滙網（Swap Net）。日本在一九八七年三月三十日當日圓升至一美元對 146.20 日圓之時，日本銀行（日本的中央銀行）曾準備使用其換滙額度（Swap Line）。在此之前，國際間的換滙協議已九年未被使用。

如上所述，金融交換不論是對公司企業、政府機構、金融機構或中央銀行，都是很好的工具。八○年代以來，創新的金融工具如雨後春筍紛紛出現，有些成功、有些失敗，大多數仍待考驗，金融交換的成長發

展與其對國際金融的影響，已證明了它的成功。

　　本書主要目的在提供對國際金融有興趣的工商人士、銀行從業員以及學生們一些對金融交換的基礎認識，至於對金融交換的更深入了解需輔以實務經驗以及對各國稅法、會計準則等其他專業領域的探討，這些已不在本書的範圍內。

第一章

概　　論

第一節 何謂金融交換

一、金融交換的定義

Financial Swap 在字義上的解釋是金融交換，可以當做名詞爲一種金融工具，也可以當做動詞爲一種金融技術。「交換」是以某種本身不需要或非最需要的東西換取他種需要或更需要的東西，這種行爲十分合乎經濟理性，是自有人類以來即普遍存在的行爲。交換行爲能成功，是因各交換參與者皆能因交換而獲利，因此交換結果能使整體的利益最大。

交換的結果能使交換參與者均獲得部份利益。在金融方面，所謂利益是指借貸的成本較低，資產運用的收益較高，或是財務風險較小等，而因此進行的交換就有負債交換（Debt Swap）或資產交換（Assest Swap），也可統稱爲金融交換（Financial Swap）。

在某些情況下，金融交換且是財務處理的唯一方式，如在有外滙管制的國家，企業無法直接取得所需的外國貨幣，則經由交換取得可能是唯一的途徑。

交換能成功，旣是因參與交換者皆能從交換行爲中獲利，因此基本上所交換的標的之價值應至少是相等的，而從相對比較利益的基礎來看，則交換來的標的應更有價值。

國際經濟包含實質面與金融面，國際貿易是商品與勞務的交換，主要在實質面。實質商品與勞務之所以交換，是因國際上生產這些商品與勞務的機會成本不同（即比較利益不同），經由國際貿易，全球有限的實質資源能獲得更爲有效的使用。在金融面，比較利益的存在亦構成金

融交換的基礎。一九八〇年代以後，「金融交換」在國際金融市場上以及金融工具間搭起一座座橋樑，使金融比較利益得以發揮，全體金融利益因而擴大。

簡單的說，金融交換可以定義為金融工具（或金融商品）的交換 (The exchange of one financial instrument for another)。具體一點的說，金融交換可以定義為二個或以上的個體經由專業性的磋商以後，在金融市場上進行的不同金融工具之交換交易。用來交換的金融工具可以是不同的貨幣（即貨幣交換 Currency Swap），也可以是計息方式不同的同種貨幣（即利息交換 Interest Rate Swap 或 Coupon Swap），或者是計息方式與貨幣二者皆不相同的金融工具（即 Currency Interest Rate Swap 或 Currency Coupon Swap）。交換進行的場所可以是貨幣市場、資本市場或外滙市場，可能在一個市場上，也可能在好幾個市場上。

此外，在外滙市場上經常出現的一種外滙交易亦稱為 SWAP（通常譯為換滙）。在外滙市場上此種換滙交易通常被定義為：同時買又賣一筆等額的外滙，惟買賣之交割日不同。一個典型的換滙交易包括一個即期交割日與一個遠期交割日，例如買入一筆即期交割的美元之同時，又將該筆美元在三個月後以一既定的價格賣出。一種貨幣的買賣勢需以另一種貨幣來收付，因此上述換滙交易即是在一段時期內兩種貨幣的交換，此即為貨幣交換。唯此處必須特加說明的一點是，金融交換中的貨幣交換通常時間長達四、五年甚至十年以上，主要是不同幣別之債務的轉換，而其操作和證券的發行關係十分密切。企業有時經由貨幣交換的技術，在債券發行後，轉換原發行貨幣為另一種所需要的貨幣，而此種方式較直接以所需幣別取得資金之成本為低廉，因此貨幣交換常伴隨新證券的發行產生。但在外滙市場上，換滙交易的期間通常不超過一年，

尤以一週以內者最爲普遍。短期換滙的目的主要在消除短期未軋平頭寸的相對利率變動風險，或用爲短期間資金調度的方式之一。外滙市場上的換滙交易與卽期交易同爲外滙市場上最主要的外滙交易，換滙交易雖可謂一段期間內貨幣的交換，但其觀念更偏重同時買入又賣出一筆貨幣，買賣之間亦可能是投機性操作，金融交換則幾乎全是財務性操作，著眼於投機利率或滙率之變動者非常稀少，因此金融交換操作通常被稱爲 SWAP FINANCE（表示 SWAP 爲財務處理的方式）。外滙市場上的換滙交易雖亦是一種貨幣交換交易，唯因其在性質上與金融交換中的貨幣交換存在若干差異，因此同樣一字 SWAP 在貨幣或資本市場上與在外滙市場上經常有不同的了解，尤其是對外滙市場上的操作者而言，SWAP通常是基於「買賣」而非「交換」的觀點被理解，在這種情形之下，許多外滙市場上的操作者（甚至銀行的外滙交易員）並不清楚的知道金融交換的意義。

金融交換是一項新興的財務處理工具，因爲它提供一種更有利的選擇機會，因此自出現以後成長非常迅速。「交換」在觀念上非常簡單，普通形態的交換行爲在日常生活中時時進行著，任何人都無需詳細解釋卽知交換的意義，而這也可能是介紹金融交換時的一個危險，因爲文字解說無法亦很難詳細的描述出金融交換的技術複雜性。金融交換除需要金融財務處理，證券發行業務以及外滙交易等方面的專業知識與技巧以外，所牽涉到的有關法律、稅務、會計等的處理都非常專業，這些都增加了金融交換的技術複雜性。交換市場的參與者多爲各國政府或政府機構、國際性組織、多國籍企業及金融機構等強者，一般說來，它是一個強者市場。金融交換雖有負債交換與資產交換，貨幣交換與利率交換等基本型態，但爲滿足強勢參與者的個別需要，金融交換交易多需視個案情形來個別處理，金融交換的中介者所提供的是專業技術服務，而非一

般資金。這種種實務上的特性，使得金融交換技術成爲一種水平思考的有趣遊戲，換言之，雖然金融交換交易通常並非財務處理上可供選擇的唯一方式，但因其能增加交易參與者的利益，因此常爲最佳或較佳的選擇。此爲一九八〇年代以來，金融交換蓬勃發展的原因。

二、金融交換的工具

金融交換簡單的說是金融工具的交換。金融工具（或金融商品）是什麼？那些金融工具可用來交換呢？以下將予解釋。

（一）金融市場

金融工具（Financial Instruments）是金融市場上使用的工具。金融市場是指資金融通買賣的場所。隨著國民所得的提高，金融市場愈形重要，現代生活中已很少人（包括自然人和法人）與金融市場無關。經濟主體（包括進出口廠商，其他公司企業，政府機構或個人等）不論是存款、借款或是買賣外滙、股票、債券等，他們均已進入了金融市場。

在金融市場上因爲運用資金或取得資金的方式不同，而產生了許多的金融工具，如運用資金的方式有各種存款或購買票券，取得資金的方式也可爲發行票券或各種貸款，這些用本國或外國貨幣記帳的存款、放款、國庫券、公債、公司債券、股票等就是金融工具（或金融商品）。在金融市場上資金的融通或買賣是透過金融工具爲之，金融工具有長期與短期的不同，通常短期（一年以內）的金融工具如國庫券，銀行承兌滙票、商業本票、銀行可轉讓定期存單等稱爲貨幣市場工具，較長期（一年以上）的金融工具如股票、公司債、政府公債等則稱爲資本市場工具。至於外滙市場則是外國貨幣買賣的場所。金融市場可在貨幣市場、資本市場與外滙市場之下，復因各種金融工具的不同，再細分爲國庫券市場、商業本票市場、股票市場、債券市場……等。由上可知，金

融市場不是一個單獨的市場而是許多市場的總稱。

　　由於國際貿易和資本流動的關係，國際間幾乎沒有任何一個市場是獨立而不與其他國家的國內金融市場或國際金融市場發生關連的。基本上，經濟高度發展與自由化國家的市場才能發展成為國際金融市場，惟一國政府（尤其是開發中國家政府）為配合國內的金融政策常以各種法令管制金融，金融管制阻礙了一國金融市場的發展，因此有些國家的政府為使該國有較佳的金融競爭能力，同時又不擾亂其國內的金融，另設「境外金融中心」。境外金融中心雖地理上仍是位置在一國的領土上，但與該國之金融體制並無很大關連，境外金融中心內沒有各國政府在其國內市場上所做的種種限制，所收的種種稅捐，以及規定繳納的種種費用，如外滙管制、利率上下限以及存款準備金、存款保險費和營業稅、印花稅、所得稅等。境外金融中心因有較佳的競爭條件，較易與國內金融市場分離而發展成為一個國際金融市場。

　　國際金融市場的業務和操作與國內金融市場並無太大差別，包含存放款業務、證券買賣業務，外滙買賣業務以及諮詢、管理、經紀、證券承銷等服務性質業務。國際金融市場是金融交換交易進行的主要場所。倫敦、紐約、香港、新加坡及東京等地都是著名的國際金融市場。

　　（二）證券化的金融工具

　　理論上所有的金融工具經由仔細評估與專業磋商後，都可能達成交換協議。惟實務上，被用來交換的金融工具（Swapped Financial Instruments）一般都是證券化的金融工具。證券化（Securitization）是一九八〇年代以後國際金融環境演變上的最大特徵之一。傳統上銀行一向是資金供給者與需求者之間的橋樑，但近年來國際上一些信用優良的跨國公司（如 IBM），或國際組織（如世界銀行）等，紛紛在金融市場上以發行證券的方式來取得資金，捨棄了傳統上向銀行借錢的方式。

國際上借貸關係之由傳統以銀行借貸爲主的方式，轉爲在金融市場上發行各種證券的方式被稱爲金融證券化。因爲金融證券化，使得八○年代以來，主要金融中介機構是證券市場而非傳統的銀行。

金融交換是以負債交換（Debt Swap）爲主。債務發生原因是爲取得資金，如前所言，八○年代以後，發行債券成爲取得資金的主要方式，債券市場成爲最主要的資金市場。債券發行後經由金融交換常可降低資金的取得成本，因此近年來新債券的發行常以進行金融交換爲前題。金融交換亦可促使既存債務的風險減少或成本減低，改善原來的財務狀況。有些債務形態如銀行的貸款是很難交換的，而若是證券化的債務如浮動利率本票（FRNs）則交換性就大大增加了。金融交換降低證券發行成本，使證券發行機會增大，證券發行後又增加了金融交換的工具，如此相互影響，金融交換與證券業務相輔相成乃必然發展趨勢。

歐洲債券與浮動利率本票是交換市場上兩種主要的證券化金融工具，分別簡單介紹如下：

1. 歐洲債券（Euro Bonds）：歐洲債券是以歐洲通貨爲單位並在歐洲通貨市場上買賣的債券。此處所謂「歐洲」（Euro）並非地理位置上的歐洲，而是泛指一切本國國境（貨幣發行國）以外的地區，而「歐洲通貨」卽是指在本國以外地區的本國貨幣，如美國以外地區的美元就是歐洲美元，德國以外地區的馬克就是歐洲馬克，日本以外地區的日圓就是歐洲日圓等。此外還有歐洲瑞士法郎、歐洲英鎊等。歐洲債券的特點是經由多國籍的聯貸銀行團保證和發行，極重視發行者的信用和資力，因此，一般而言，發行者多屬工業先進國家中之信用評等極爲優良的公司。歐洲債券通常爲固定利率方式，期限從 5 年至 20 年不等。

2. 浮動利率本票（Floating Rate Notes，簡稱 FRNs）：一九七○年代中期以後，由於通貨膨脹和利率高漲，一種浮動利率的歐洲債券

推出並迅速成長，即是浮動利率本票。FRNs 的利率通常是採用六個月倫敦銀行間放款利率 (London Interbank Offer Rate，簡稱 LIBOR) 為基礎加碼（亦即每六個月依 LIBOR 調整計息利率），發行期限從 5 年至 20 年不等，通常為 5 至 10 年。

　　由於歐洲債券市場極重視發行者的信用和資力，使得許多信用評等不是極優良的公司根本進不去這個市場，或者是需要付出相當高的代價（利率）才能進入，因此歐洲債券市場成為超優良企業固定利率公司債的獨佔市場。FRNs 出現以後，許多原本無法進入歐洲債券市場以低利取得固定利率資金的公司企業，得以發行 FRNs 再經利率交換轉換成固定利率的方式，取得固定利率資金，如此一來，不但增加了公司取得資金的途徑也降低了成本，而這也成為利率交換風行的最主要原因和方式。

　　（三）創新的證券化金融工具

　　八〇年代以來，由於激烈的競爭和金融自由化的影響，新種類或原種類加以改良的債券紛紛出現，這些新式債券的發行通常都是以交換為前題的，因此使得交換交易的範圍不斷的擴大，技術複雜性也愈形增加。以下簡單介紹幾種這些新式的可用來進行利率或貨幣交換的金融工具：

　　1. 無息債券 (Zero-coupon Bonds)：Coupon 是息票，該類債券不附利息，但以低於面值的價格發行，屆期以面值償還，發行價格與面值之間的差額就是利息。

　　2. 附認債權債券 (Debt Warrant Bonds)：這種公司債是由認股權利 (Equity Warrants) 演變而來。這種公司債的發行人，授權債券持有人可以新購同額之固定利率普通公司債。

　　3. 雙重貨幣債券 (Dual Currency Bonds)：這種債券的利息支付與本金償還使用不同的貨幣。例如 The Yen/U. S. Dollar Dual

Currency Bonds 是以日圓支付利息，但本金償還時使用美元。

4. 上限浮動利率本票 (Capped FRNs)：此種浮動利率債券的利率設有上限而無下限，如 FRNs at LIBOR $+\frac{1}{4}\%$，Capped at 12% 者即表示此浮動利率債券的利率為 LIBOR 加碼 $\frac{1}{4}\%$，但最高為 12%。

5. 上下限浮動利率本票 (Collared FRNs 或 Mini-Max FRNs)：此種浮動利率債券的利率變動有一定範圍，如 FRNs at LIBOR $+\frac{3}{16}\%$，Floor 8%、Ceiling 12% 者即表示此浮動利率債券的利率為 LIBOR 加碼 $\frac{3}{16}\%$，但最低為 8%，最高為 12%。

近年來國際金融市場，尤其是歐洲通貨市場和美國金融市場上的新式金融工具如雨後春筍般紛紛推出，惟有些推出後有如曇花一現隨即消失，有些尚留待考驗。不斷推陳出新的金融工具使換滙市場亦年輕多變。

三、金融交換的種類

以下將從不同的角度將金融交換予以分類：

（一）貨幣交換、利率交換與貨幣利率交換

交換的結果不是改變貨幣種類就是改變計息方式，或者貨幣種類與計息方式二者皆改變。所謂計息方式是指資金利息的計算方式，可分為固定利率 (Fixed Rate) 與浮動利率 (Floating Rate)。同為固定利率惟幣別不同的金融工具互換是為貨幣交換。計息方式不同但幣別相同的金融工具互換是為利率交換，不同計息方式的交換可分為固定利率對變動利率及變動利率對變動利率的交換，若是固定利率對固定利率交換時則

幣別必定不同。變動利率的計息基準有倫敦銀行間放款利率（LIBOR），
基本放款利率（Prime Rate），商業本票利率（CP Rate）等多種。若是
計息方式與幣別均不相同的金融工具互換即為貨幣利率交換。將以上的
關係以下列圖表示則十分清楚：

表一　金融交換的種類

貨幣種類 ＼ 計息方式	固　定　利　率 對 固　定　利　率	固　定　利　率 對 變　動　利　率	變　動　利　率 對 變　動　利　率
相　　　同	—	利　率　交　換 （基　本　型　態）	利　率　交　換
不　　　同	貨　幣　交　換 （基　本　型　態）	貨幣利率交換	貨幣利率交換

（二）負債交換與資產交換

　　交換的金融工具可為負債或資產，若是負債，如固定利率的負債轉
換成變動利率的負債即為負債交換。負債交換是最早型態的交換，其交
換的主要目的是降低資金取得的成本。同樣負債交換的觀念後來被用在
資產的交換上，以增加資金運用的收益，於是發展出資產交換。資產交
換不如負債交換普遍，是因為資金市場的發展與金融證券化的演變均以
負債為主，致使基本上交換仍主要是非常卓越的負債管理工具。

　　八〇年代以來，滙率、利率的激烈變動使得資產負債的管理（Assest
Liability Management，簡稱 ALM）愈形重要，資產負債的管理是從
企業整體的健全性、收益性等整體觀點來評估與管理企業的財務結構，
然而在交換交易發展出來以前，企業若基於資產負債的管理觀點，欲將
已存在的資產負債加以重新調整是相當不可思議的，如今交換技術使得
企業可以隨著環境的變遷來調整企業的資產負債結構，因此金融交換在

資產負債管理上成爲很重要的一項工具。

（三）財務交換與滙兌交換（換滙）

金融交換不論是負債交換或資產交換，利率交換或貨幣交換大都是以財務處理、資金調度或資產負債管理爲目的，這些交換交易均是財務處理，因此常被稱爲財務交換（Swap Finance）。而在外滙市場上有一種常見的外滙交易亦稱爲 SWAP（常譯爲換滙或滙兌交換），是同時買入及賣出等額之某一種貨幣，惟買賣交割日不同的外滙交易。換滙交易是同時間買及賣一筆外滙，因必須以另一種貨幣來支付，因此可視爲貨幣交換。惟換滙交易的主要操作目的和方式十分不同於一般金融交換中的貨幣交換（此點已在前文中說明），因此外滙市場上所稱的 SWAP 與貨幣及資本市場上之 SWAP 常有不同的定義。

（四）資金交換（Funding Swap）、避險交換（Hedging Swap）、中介交換（Matched Swap）與投機交換（Speculative Swap）

從交換市場上各種參與者的立場來分析各參與者進行交換交易的原因或交易性質，可發現有些交換交易進行的目的是爲資金調度或避險需要，這類性質的交換卽 Funding Swap、Hedging Swap 或者 Hedge-funding Swap。有些交換交易進行的原因則不是在資金調度或避險而是在謀取利潤（Take Profit），這類交換者（Swapper）通常持有交換部位並進而加以買賣，以賺取滙率或利率變動的利潤，這類交易通常是外滙市場上的換滙交易。外滙交易員有時買賣換滙部位如同買賣卽期或遠期部位,因這類交換交易的目的在賺取滙率或利率變動上的差價利潤,帶有投機性質，因此被稱爲 Trading Swap 或 Speculative Swap。

交換交易固可由交換者雙方直接進行，但一般仍是透過金融機構的中介，這種中介交換由中介者拉攏雙方並提供中介者本身的信用來減低交換者的違約風險，由交換中介者的立場觀之，中介者雖分別與交換雙

方訂立交換契約，但因兩個交換契約完全配合（Matching），使中介者不需負擔任何資金的流動。金融機構因擔當交換中介者的角色可獲得手續費或差價收益。以中介者的立場來審視本身進行的此類交換交易，如採完全配合政策，亦即純粹居中介者角色所為的交換交易，稱為Matched Swap，惟若一時間無法完全配合而又不願拒絕客戶交換要求時，中介者亦可先進行一個 Mismatching Swap 並暫時承擔交換部位（即 Warehousing），一待機會合適立即將未配合的交換部位加以軋平。圖一顯示交換者直接交換的情形。交換者透過中介者交換的情形，如圖二所示。

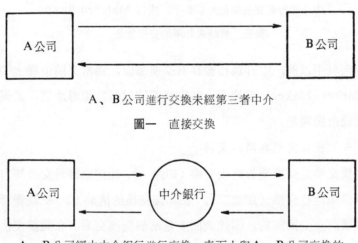

A、B公司進行交換未經第三者中介

圖一　直接交換

A、B公司經由中介銀行進行交換，表面上與A、B公司交換的均是該中介銀行。對中介銀行言，此為一 Matched Swap（軋平的交換）。

圖二　間接交換

以A公司立場來看，進行交換的對手是中介銀行而不是B公司（B公司亦同）。圖一與圖二在金融面效果可能完全相同，但法律上圖一只簽訂一個交換契約，圖二則有兩個。以中介銀行立場看，圖二是 Matched Swap，圖三則中介銀行先進行了 Mismatching Swap，稍後再予軋

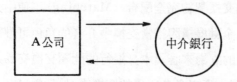

中介銀行只操作了 Matched Swap 的一半，並暫時儲
存此交換部位 (Swap Position)。

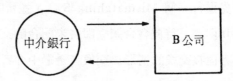

中介銀行將交換部位加以軋平，成為 Matched Swap。

圖三　暫時未軋平的交換情形

平，在未軋平以前，中介銀行暫存有交換部位，通常交換市場上的大玩
家 (Market Maker) 都持有一些交換部位以保持領導地位，並促使交
換的次級市場興起。

（五）直接交換與間接交換

直接交換是交換雙方直接交換（如圖一），間接交換是交換雙方透過
中介機構來進行交換（如圖二）。在間接交換的情形下，交換者都是與
中介機構訂立交換契約，因此表面上是兩個交換交易。在間接交換時，
最後的交換者甚至可以不必知道對方是誰，因此挑選信用良好的中介機
構以消除日後違約風險十分重要。

第二節　金融交換產生的背景

一、國際金融環境的演變

（一）滙率風險

一九七一年八月，美國尼克森總統宣佈新經濟政策，停止以美元兌換黃金，使國際間以美元為中心的布列敦森林制度（Bretton Woods System）瀕臨瓦解。在此之前，加拿大幣已於一九六〇年六月開始浮動，西德馬克、荷蘭幣亦於一九七一年五月開始浮動。美元和黃金之聯繫中止後，實際上日圓、英鎊、瑞士法郎都已開始浮動。一九七一年十二月史密松寧協議（Smithsonian Agreement）達成，企圖藉滙率可調整幅度之擴大維持住布列敦森林協議的可調整固定滙率制度❶，惟未能成功。一九七一年十二月美國承諾美元貶値 7.89%，一九七三年二月美元第二次貶値 10% 後，日圓、義大利里拉正式浮動。至此國際間主要貨幣皆已浮動，普遍浮動（General Floating）時代來臨。

自普遍浮動以後，滙率風險大為增加。自一九七三至一九八五年間，國際間幾種主要貨幣每年變動的平均幅度約為17%（西德馬克和英鎊為 18%，日圓為 16%）；變動最激烈的一年高達 40%（一九七三年的西德馬克），最平穩時亦有 5%（一九七八年的日圓）。滙率變動幅度的加大以及變動方向的捉摸不定，使滙率風險的管理愈趨重要，避險工具和避險技巧遂不斷推陳出新。

---

❶ 1944 年聯合國代表們在布列敦莊園（Bretton Woods）舉行的國際貨幣金融會議，開啓了滙率制度上的一個新紀元。此後一直到 1971 年美元貶値時為止，布列敦森林協議（Bretton Woods Agrecment）主宰了二十餘年間國幣貨幣的支付體制，此即為布列敦森林制度（Bretton Woods System）。

布列敦森林制度是一種可調整的固定滙率制度，各會員國可在「平價」的上下 1% 範圍內調整滙率，所謂平價是指各國貨幣以黃金表示或以美元表示（再透過美元與黃金之連繫而間接與黃金維持一定關係）之價值。1971 年 12 月史密松寧協議達成，將各國貨幣浮動範圍由平價之上下 1% 擴大為 2.25%。（此時因美元已停止兌換黃金，故不再稱為平價而改為「中心滙率」）。

（二）利率風險

七○年代後期，利率風險也大爲提高。一九七九年秋天，美國金融政策改變，自利率誘導型轉變爲貨幣供給額管理型，導致利率開始劇烈變動，上下不穩。當時美國通貨膨脹情形嚴重，新任美國聯邦準備制度理事主席 Volker 認爲必須控制通貨供給額以扼止通貨膨脹，於是改變以往控制利率水準的貨幣政策爲透過銀行準備來控制貨幣供給額。新金融政策施行以後，通貨膨脹情形雖獲得改善，但利率卻也長期居高不下，短期利率甚至高過長期利率形成長短期利率倒轉現象。

因美國金融政策改變所造成的利率上下波動以及長短期利率混亂現象，使得利率風險的規避與長短期資金的配合迫切需要。

二、金融交換的產生

（一）金融自由化、金融創新與金融證券化

自一九七○年代以來，滙率、利率的激烈變動以及通貨膨脹一直是國際經濟和金融上的重大問題。石油危機使世界經濟陷入一個前所未有的停滯性通貨膨脹（Stagflation）困境，前後長達十年之久。利率水準亦隨同通貨膨脹迅速上揚，部分國家（特別是美國）改變其貨幣政策，重視貨幣供給額的控制而將利率交由市場決定，助長了利率的變動。同時，布列敦森林制度崩潰後，主要工業國家的滙率變動日趨激烈。

各國雖然表面上都有管理利率，資本移動及外滙滙率等的管制措施，但銀行操作水準的提高，投資和借款人知識、技巧的增加，以及電腦、通訊等科技的進步，使得各種逃避管制的新金融工具紛紛出現，尤其是在若干國家不得不部分放寬管制以後，那些仍然嚴格管制的市場就較缺乏競爭能力。因此在不公平的競爭環境下，要求解除管制成爲必然的趨勢。各主要工業國家如美國、英國、西德、日本等國面對如此一個

金融局面，終於紛紛放棄管制，形成金融自由化（Deregulation）的局面。

　　金融自由化簡單來說，就是以價格機能取代人爲管制。在金融自由化的發展趨勢下，市場上的競爭日益激烈，金融服務的效率因此日益提高，市場上消費者（即投資人與借款人）的胃口亦大開，金融機構必需改進舊的金融商品並開發新種金融商品來滿足消費者的需要，於是各種改良過的或全新的金融商品紛紛出現，形成所謂金融創新（Innovantion）局面。

　　金融創新有兩層意義，一是用來表示一種新的金融商品，另一則是表示新的金融技術。在新金融商品中最主要的是 FRNs，新金融技術中最主要的則是 SWAP，FRNs 的登場和廣泛使用，使浮動利率和固定利率間的互換十分需要。

　　在金融創新局面下，最明顯的特徵是金融證券化(Securitization)。國際上借貸關係之由傳統以銀行借貸爲主的方式轉爲在市場上發行各種債券的方式，是造成金融證券化的主因。時至今日金融證券化已不僅影響銀行的放款亦影響銀行其他資產和負債的形態，如銀行發行的有資產擔保的證券(Assest-backed Securities)或者各種基金(Mutual Funds)等。

（二）證券市場的資金中介功能

　　金融證券化後銀行所受影響極大。傳統上銀行一向是資金供給與需求者之間的橋樑。銀行以本身信用取信於資金提供者，使得他們願意把錢存在銀行獲得利息，同時銀行承擔放款出去的風險以獲得更高的利息收入，存放款之間的利率差距，即是傳統上銀行最主要的盈餘。

　　金融證券化的結果不但使得銀行的存放款業務大量減少，也使得銀行放款的品質大爲降低。因爲信用良好的大企業多已直接自資金市場上

取得資金，銀行若要維持放款的業務量，只好冒比較大的風險，尋求一些信用較差的客戶，此舉使得銀行的呆帳增加、利潤減少。愈來愈多的銀行，尤其是國際性的大銀行，開始逐漸把營業重心自傳統銀行的存放款業務，移轉到以收取手續費為主的金融服務業務(Fee-based-business)上。

金融證券化的結果使銀行的最大功能——中介功能逐漸衰退，代之而起的是證券市場。證券業務最大的功能是籌集資金，由於證券市場的競爭激烈，降低資金成本以取得競爭優勢十分必要，而金融交換能減低成本，因此經常成為證券發行的前題。據估計，歐洲債券市場上新發行的證券中 70% 至 80% 是以 SWAP 為前題的。

（三）八○年代卓越的金融新產品——金融交換

金融創新的目的有些是為了便於籌集資金或降低成本，有些是為了轉嫁或避除風險，有些是為了逃避政府管制。近年來在金融創新局面下新出現的金融工具多得不勝枚舉。以目前各國金融自由化的程度，金融機構操作的水準以及電腦及通訊技術的進步來說，幾乎任何一種特殊資金的需求方式，都可能創造出一新式的金融工具來。一種新金融商品是否能廣被接受或持續下去需要考驗。八○年代以來，金融交換是所有金融市場上最具有挑戰性的金融產品，其發展過程充滿智慧、知識和技巧，是八○年代後發展最迅速、影響最廣泛也最重要的一項新種金融產品。

第三節　金融交換的利益

一、金融交換的原因與利益

公司企業、國際組織、政府機構等企業機構與一般銀行及中央銀行

等為交換的最終使用者 (The End Users)，銀行等金融機構是交換技術的提供者，是交換使用者間的中介機構。二者進行交換的原因不同、利益不同，分別說明如下。

（一）公司企業等交換的原因

金融交換成為八〇年代以來金融市場上發展最迅速、影響最廣泛的金融技術，是因為金融交換幾乎可以解決一切的財務問題。國際貿易和資本移動的大量增加致使滙率風險和利率風險迫切需要管理，各地區金融市場發展程度不一，各國外滙管制與稅制上的差異，各公司企業等資金需求者本身的信用程度不同等各種原因，均使資金的成本有高低之分，造成套利機會存在。交換技術幾可滿足上述各種需要。具體一點來說，公司企業或團體組織對交換產生興趣的原因是：

1. 以交換方式取得資金可使資金的成本降低。資金的取得通常有多個途徑，惟每個途徑的成本不同，資金需求者若發現自己需要的資金形態（指資金的幣別與計息方式）並不是自己最具比較利益的一種，而仍然以直接方式取得自己所需要的資金，就等於放棄了自己的相對利益。交換技術正好彌補了這項缺憾。以下舉例說明上述資金需求和相對利益經由交換而兼得的情形：

表二① 相對比較利益

	信 用 評 等	以固定利率舉債成本	以浮動利率舉債成本	相對的比較利益
甲 公 司	ＡＡＡ級	12%	LIBOR	固定利率方式
乙 公 司	ＢＢＢ級	14%	LIBOR＋1%	浮動利率方式

表二表示甲、乙兩公司的信用狀況，甲公司因信用評等列最高級

（Triple A）因此不論是以固定利率舉債或以浮動利率舉債的成本都較信用評等為 Triple B 的乙公司為低廉。但以利率差距來看，二個公司以固定利率方式舉債的成本差距為 2％，以浮動利率方式舉債的成本差距則只有 1％。以甲公司的立場來看，以固定利率方式舉債較乙公司可降低 2％的成本，而以浮動利率方式舉債則只降低 1％成本，因此對甲公司而言，以固定利率方式籌集資金較具有相對（相對於乙公司）的比較利益。再以乙公司的立場來看，乙公司以固定利率方式舉債需較甲公司多負擔 2％的成本，而以浮動利率方式舉債則只需多負擔 1％的成本，故對乙公司而言，以浮動利率方式籌集資金較具有相對（相對於甲公司）的比較利益。但是固定利率方式是不是甲公司需要的資金計息方式呢？而浮動利率方式是不是乙公司需要的資金計息方式呢？假設甲公司因風險管理需要，希望以浮動利率方式付息，而乙公司因財務需要，希望以固定利率方式付息，則甲公司與乙公司是否必須放棄自己的相對比較比益呢？

表二② 籌集資金的直接與間接途徑

	直 接 途 徑	間 接 途 徑
甲 公 司	以 LIBOR 計息發行 FRNs	以 12％ 的成本發行 Euro Bonds 再 SWAP 成浮動利率
乙 公 司	以 14％的固定利率發行 Euro Bonds	以 LIBOR＋1％ 的成本發行 FRNs 再 SWAP 成固定利率

甲公司若以發行 FRNs 的方式直接取得所需要的浮動利率資金，成本為 LIBOR。乙公司若以發行 Euro Bonds 的方式直接取得固定利率資金，成本為14％。兩種資金的總成本為

LIBOR（甲公司）＋14％（乙公司）

在採取直接途徑的方式下，甲、乙兩公司都放棄了自己的相對比較利益。

假如甲、乙公司不想放棄自己的相對比較利益呢？甲公司可以12％的固定利率發行 Euro Bonds，而乙公司可以 LIBOR＋1％ 的浮動利率發行 FRNs，兩種資金成本總計為

$$12\%（甲公司）＋LIBOR＋1\%（乙公司）＝LIBOR＋13\%$$

這比以直接途徑籌集資金的成本減少 1％。

雖然甲公司以固定利率方式及乙公司以浮動利率方式來籌集資金的總成本較低，但是甲公司需要浮動利率的資金而乙公司又需要固定利率的資金，如何既節省成本又獲得所需的資金呢？交換就是解決的辦法。

如何交換呢？基本上交換的結果不應比以直接途徑取得資金的成本更高，而通常交換結果應對交換雙方都更為有利。因此，本例中的甲公司應不會直接以 12％ 的固定資金與乙公司的 LIBOR＋1％ 的浮動利率資金交換，因為如此交換固然對乙公司極為有利（節省了 2％ 的成本），但卻使甲公司遭受損失（多負擔 1％ 的成本）。本例中甲、乙兩公司可能的交換方式有多種。試舉其中一種：

表三　交換方式一

	交換前成本	交換方式一	交換後成本
甲　公　司	12％的固定利率成本	付乙公司 LIBOR（得乙公司 $12\frac{1}{2}\%$）	LIBOR$-\frac{1}{2}\%$ 的浮動利率成本
乙　公　司	LIBOR＋1％ 的浮動利率成本	付甲公司 $12\frac{1}{2}\%$（得甲公司LIBOR）	$13\frac{1}{2}\%$ 的固定利率成本

第一種的交換方式是，甲公司付予乙公司以 LIBOR 計算的利息而自乙公司得到 $12\frac{1}{2}\%$ 固定利率的利息，乙公司自然亦是相同自甲公司得到以 LIBOR 計算的利息而付出 $12\frac{1}{2}\%$ 固定利率利息予甲公司。 如此交換的

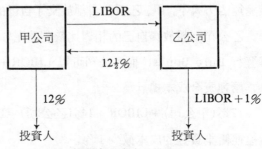

註：箭頭表示利息的流程

圖四　甲乙兩公司利率交換（交換方式一）

結果就如圖四所示。交換後甲公司的淨成本爲 12%（給債券投資人）＋LIBOR（給乙公司）－12½%（自乙公司獲得）＝LIBOR－½%。交換後乙公司的淨成本爲 LIBOR＋1%（給債券投資人）＋12½%（給甲公司）－LIBOR（自甲公司獲得）＝13½%。下表將甲、乙兩公司以交換方式間接取得資金的成本和直接途徑所需的成本加以比較，可以清楚看出交換所得的利益。

表四　交換利益

	直接途徑成本	間接途徑成本	交換利益
甲公司	LIBOR	LIBOR－½%	½%
乙公司	14%	13½%	½%

以上甲、乙兩公司以直接途徑取得資金的總成本爲 LIBOR＋14%，以交換方式取得資金的成本降低到 LIBOR＋13%，總成本減少了 1%。此1%的形成是因爲固定利率市場與浮動利率市場間有信用差距（Credit Gap 或 Credit Differential）。再用甲乙兩公司舉債時固定利率間的差

距與浮動利率間的差距來說明，固定利率差距爲 2 ％，浮動利率差距則僅 1 ％，二種利率差距的差距即是信用差距。固定利率市場上因資金的供給較少，因此對於資金需求者的信用要求極爲嚴格，在固定利率市場上，信用評等不同的借款人之間所付出的利息差距很大。但在浮動利率市場上則不然，浮動利率市場上因供需較爲平衡，因此對於借款人的信用要求不如固定利率市場上之嚴苛，信用評等不同的借款人間所受差別待遇較小。固定利率市場與浮動利率市場上所存在的這種信用差距就是固定與浮動利率互換的主因，也可說是，此種信用差距使固定利率與浮動利率市場間出現套利（Arbitrage）的機會，而交換即是套利的方式。

上例的交換方式一是將 1 ％的信用差距予以平分的交換，當然交換雙方也可以有其他的交換方式，例如交換方式二。

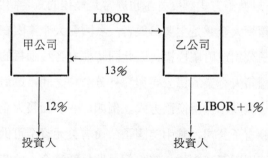

註：箭頭所示爲利息流程

圖五 甲乙兩公司利率交換（交換方式二）

圖五的交換方式是將 1 ％的信用差距完全歸於甲公司獲得。

信用差距的劃分主要依下述幾個條件：

(1) 不同市場上資金供需的情形：固定利率市場上通常資金求過於供，因此成爲信用極優良公司寡佔的情形，信用較差的公司經常即使願意付出較高的資金成本仍然無法自固定利率市場上取得資金。在這種情

形下交換時，信用較差的一方（即以浮動利率來交換固定利率者）經常無法享受信用差距，僅能得到所希望的固定利率計息方式（如圖五）。

(2) 交換市場的供需情形：一個有利的交換機會也許會吸引數個資金需求者爭取，形成競爭局面，例如上例中的乙公司也許遭遇數個競爭對手，因此本身的市場力量較甲公司爲弱。

公司企業等對交換發生興趣的最主要原因，是在於發現以交換方式取得資金可節省成本，有時更進一步發現，交換方式是取得所需資金的唯一方式。換言之，交換發生的原因是因爲交換是一個眾多選擇中最佳的選擇，有時甚至是唯一的選擇。

2. 以換滙方式調度資金可使資金調度的成本降低或風險減少。在貨幣及資本市場上，以交換方式取得資金可使資金的成本降低。而在外滙市場，以換滙方式調度外滙也經常是最佳的資金調度方式。在換滙市場上多國籍大企業是主要參與者，多國籍大企業因在國外擁有直接投資，設有子公司或附屬機構，因此同時擁有各種通貨的資產與負債。通常這種多國籍大企業的母公司與海外分公司之間，或海外分公司彼此間的外滙資金調度都採用換滙方式。例如：一多國籍大企業甲公司在美國及日本均設有子公司，其中美國子公司有美元資金可供六個月使用，而日本子公司則需要同額的一筆六個月期日圓資金。此時甲公司可以有多種選擇途徑：

途徑一、美國子公司將美元直接在美元資金市場上貸放出去。

　　　　日本子公司自日圓資金市場上借入日圓資金。

途徑二、美國子公司出售美元，六個月後再買回。

　　　　日本子公司自市場買入日圓資金，六個月後再賣出。

途徑三、美國子公司在外滙市場上進行賣出即期美元（即買入即期日圓），買入遠期美元（即賣出遠期日圓）的六個月期換

滙交易。此筆換滙交易交割時的資金流程將爲：

　　a. 即期交割時：美國子公司付出美元，收到日圓。

　　b. 六個月後遠期交割時：美國子公司付出日圓，收回美元。

甲公司可在該換滙交易的即期買賣交割時，將日圓貸給日本子公司使用六個月。六個月後日本子公司償還該筆日圓資金，可供美國子公司交割遠期買賣。

途徑四、日本子公司以公司內部貸款方式自美國子公司借入六個月期美元資金，後在外滙市場上以賣出即期美元（取得即期日圓）買入遠期美元（付出遠期日圓）的方式，滿足自己的需要。途徑三與途徑四的方法是一樣的，只是途徑三是由美國子公司先進行換滙交易，轉換美元爲日圓後，再貸放給日本子公司；途徑四則由美國子公司先將美元貸放給日本子公司後，再由日本子公司進行換滙交易將美元資金轉換成所需的日圓資金。

　　以上幾種資金調度的途徑如何選擇，須視每個市場發展的情形，各國政府有關法律的規定，各種貨幣滙率與利率的走勢等情形而定。一般說來，以換滙的方式可以免除滙率風險（如途徑二有滙率風險，但在預期美元貶值、日圓升值的情況下，可能做此選擇），又可節省資金借貸間的利率差價（如途徑一），是一種較佳的選擇。從此例中可以再一次發現，交換的特點是發揮比較利益。

　　3. 以交換方式可完成財務結構的調整。由於公司財務狀況改變，政府法令修改，金融市場演進及滙率、利率變動等金融環境的改變，一公司企業的財務結構也許會變得不理想，在交換技術未發展以前，企業欲調整、變更已存在的資產或負債是相當不可思議的，交換技術發展

後，使得資產負債的調整成爲可能，因此公司可以更爲有效的管理資產負債，使資產負債做最佳的配合，以分散風險。

（二）金融機構中介交換的原因

公司企業固可以直接進行交換，但因金融交換的高度專業化以及公司難以尋得交換的對手，因此實務上交換除母子公司間多直接進行外，大都是透過金融機構的中介進行。所謂金融機構（Financial Institution）是指提供金融服務的機構，包括商業銀行、投資銀行、證券投資公司、信託投資公司、票券金融公司、保險公司、經紀商號等。以金融機構的立場，對交換產生興趣的原因是：

1. 受金融證券化的影響，傳統銀行居於資金中介地位的功能減弱（Disintermediation）。傳統銀行面臨和非銀行機構之間更大的競爭，不得不改變銀行經營的策略，愈來愈多的銀行，尤其是國際金融中心的銀行，開始把經營重心轉至證券業上。證券業的競爭非常激烈，如何減低資金需要者的成本負擔，及如何增加資金提供者的收益，是業務競爭的獲勝關鍵，而金融交換是最有效的工具。金融機構可因安排交換而獲得證券發行、經紀、承銷等業務，或由於證券包銷業務（Underwriting）而獲得安排金融交換的機會，這些金融業務帶給金融機構相當可觀的手續費收入（Fee-income）。

2. 金融機構在交換市場上是重要的參與者，他們或者居於中介地位，以獲取手續費收入，或者本身亦爲交換者（The End User）。金融機構本身成爲交換者時，交換的原因和目的與一般公司企業相同，主要亦是財務的處理（Financing）或風險的管理（Hedging）。

3. 由於金融證券化的影響與銀行體系的激烈競爭，銀行資產品質有惡化趨勢，使金融當局逐漸以較嚴格的標準來規定金融機構的資本適足比率（Capital Adequacy Ratio），促使金融機構增加承做一些不表

露在資產負債表上的業務（Off-Balance-Sheet Business, 簡稱 OBS
業務）。所有傳統的（如證券承銷或包銷）或創新的（如金融交換）OBS
業務，除爲金融機構帶來可觀的手續費收入外，也逃避了有關當局的限
制。

　（三）中央銀行交換的原因

　除公司企業、團體組織、金融機構等參與交換市場外，中央銀行亦
參與交換交易，惟中央銀行參與的目的與上述各參與者之以財務處理或
風險管理爲主要目的，大不相同。實務上中央銀行進行交換，皆經由外
滙市場，亦卽在外滙市場上進行換滙交易。其對象或爲其他國家的中央
銀行，或爲本國內的其他銀行。換滙的目的或爲管理其國內的貨幣供給
額，如西德中央銀行的換滙交易是其控制市場流動力的政策工具；或爲
特定對象提供資金，如韓國中央銀行，其與韓國境內之外商銀行間的換
滙交易，目的是在提供韓國境內之外商銀行所欠缺的韓圜；美國紐約聯
邦準備銀行與 14 家外國中央銀行及國際清算銀行間之換滙交易的目的
亦在互相提供所需的外國貨幣，用以干預外滙市場。

　（四）金融交換的利益

　以交換市場上的主要參與者角度來看金融交換的原因，可概分爲財
務處理（Financing），風險管理（Hedging），資金調度（Funding）及
金融服務（Fee-based-business）等項。在因這些原因而進行金融交換
後，交換的各有關者可獲得之利益有：

　1. 減少資金借入的成本。

　2. 增加資金取得的途徑。

　3. 使資產和負債做更佳的配合。

　4. 調整財務結構。

　5. 增加資產運用的收益。

6. 增加財務處理及資金調度的彈性。

7. 消除或減低滙率風險或利率風險。

8. 增加操作技巧、建立信用和知名度。

9. 增加手續費收入。

10. 規避各項法令限制。

二、金融市場上的交換機會與時機

(一) 金融市場上的交換機會 (Market Opportunities)

基本上金融業是金融服務的行業，傳統金融服務的重點是資金的中介，銀行之能擔任中介地位，是靠銀行的信用，嗣後又因銀行擔任中介角色的便利，較易發現資金的需求者與提供者，成爲二者間的橋樑，因此銀行自然成爲資金募集與推銷，運用與管理的能手。自金融證券化後，上述工作主要爲尋找客戶，並發行票券、債券、股票、存單等可流動、可轉讓與可交易的金融工具，這些客戶包括公司企業、政府機構、其他金融機構及國際組織等。由於競爭激烈，銀行的金融服務不斷推陳出現，技術亦日漸精進。

另一方面，由於滙率和利率的變化激烈，國際貿易與投資活動的風險大增，產銷能力與效率已不是企業存活的唯一因素，財務處理的能力及效率與產銷同樣重要，而財務管理的成敗愈來愈成爲企業經營成敗的關鍵，財務人員不得不尋求各種可能的途徑來減低成本、或分散風險。銀行藉其中介角色與專業技術，較易發現各種有助企業減低成本、分散風險的機會，例如：

1. 因爲信用評等較差之企業在籌集資金時常需付出額外的成本（以彌補信用差距），而相對信用評等較高者則無需，因此信用評等較差之企業可付出少許代價借助信用評等較高企業之信用來節省成本。這種

因爲 Name（企業名稱）不同而造成的「信用差距（Credit Gap）」是最主要的交換機會。

2. 各地金融市場的發展程度不一，各種金融工具在各個市場上的價錢不同，造成機會。金融市場和金融工具在全球各地不能同質或同價的主要原因是當地政府的管理態度。各國政府對該國的外滙管理、利率管理、以及稅制、會計報表等的規定使各國外滙市場、貨幣市場與資本市場的發展程度不一，於是交換套利的機會也就發生了，這是市場自由或開放的差距。

3. 自布列敦森林制度崩潰以後，滙率的變動不僅劇烈而且難以把握。要準確的預測滙率不是容易的，期間愈長，不能把握的隨機因素愈多，滙率的預測也就愈困難。自美國的金融新政策施行後，利率的變動亦頻繁劇烈起來，預測的工作也就日漸重要。不同的預期會導致不同的措施，因預期不同而產生交易進而形成市場的情形，在財務處理成爲金融重心的時代愈形普遍。因預期錯誤而需進行補救或調整交易的情形亦愈形增多。此爲預期差距。

4. 由於金融創新的新工具紛紛出現在各金融市場上，各主要工業國家紛紛解除管制實施金融自由化及現代進步的通訊技術與電腦運用，使全球資訊緊密連結等原因，金融消費者可以在國內市場和國外市場上遊走，以追求最大的比較利益。國內市場和國外市場的界限因此不再明顯劃分，國際間各主要市場趨於整合（Integration），這是國際化甚而全球化的特徵。在國際化過程中，銀行等傳統上扮演橋樑角色的金融機構是否有足夠的能力提供這項金融服務，是爲關鍵。金融機構之間存在是否有專業人才與專業技術，金融網是否分佈全球各主要市場，是否有廣大的顧客基礎，是否有充分的情報與分析預測的能力，是否有完備進步的通訊與電腦設備等差別，這些人才差距、技術差距、顧客差距、情

報差距等諸多差距，使金融服務有品質的差別，成爲交換機會的來源。

（二）交換的時機（Timing）

當信用差距、市場自由開放差距、預期差距及技術、情報等差距存在的時候，就是很好的交換機會（Opportunities），因此交換的時機（Timing）出現於：

1. 政府突然修改或制定各種規定，如外滙管理的規定，利率管理的規定，租稅、會計、報表表示（Disclosure）的規定等。

2. 市場上對滙率或利率有各種不同的預期。

3. 有不同信用評等（Name 不同）的企業需要不同的資金。

4. 有新種金融商品或金融技術出現。

三、金融交換的整體經濟利益

（一）增和遊戲

金融交換能使交換參與者均獲得部份利益，金融交換不是你輸我贏的零和遊戲（Zero-sum Game），它是一場人人都是贏家的增和遊戲（Positive-sum Game）。金融交換使參與者各自發揮相對的比較利益，因而使得整體的利益亦最大。

（二）金融全球化與金融整合

金融交換能存在的原因是各個金融市場、金融工具或金融消費者之間存有金融差距（信用差距、技術差距、預期差距、情報差距、自由或開放差距等），差距存在就有套利的機會，套利使這些差距縮小，並使效率充分發揮。金融交換在各金融市場間搭起橋樑，使國內外市場不易分隔，使國際間金融市場緊密相連，促使金融全球化（Globalization）或金融整合（Integration）。

回顧金融交換產生的原因與發展的經過，毫無疑問的，金融交換是所有金融創新中最具有正面意義的產品。

第二章

交換市場

第一節　交換市場的發展經過

一、早期的演進

（一）平行貸款 (Parallel Loan)

平行貸款是貨幣交換的起源。七〇年代英國資金外流情形嚴重，英格蘭銀行（英國的中央銀行）為保衛英國的外滙存底不致枯竭，對於外流資金扣稅❶，許多因對外投資需要外國貨幣的公司為節稅逐想出了平行貸款的方法。這些英國公司不在英國境內購買美元，而改以借貸方式取得美元，於是有些銀行和證券經紀商安排了平行貸款。安排的方式是：

英國公司貸英鎊款項予一美國公司在英國境內的子公司，相對的該美國公司亦貸款給該英國公司，用來在美國投資。平行貸款牽涉到兩個國家和兩個以上的公司，如英國公司的對美投資例中，牽涉到的有英

---

❶ 當時英格蘭銀行採行的辦法是，分開外滙市場為美元卽期市場和美元溢價市場，當英國公司欲投資國外資產時，須在美元溢價市場上以較高的價格購買美元，但當收回投資出售美元時，却不能全部在溢價市場上出售，因此購買美元者會有部分損失，換言之，政府以對購買美元的行為扣稅來阻止或懲罰資金的外流。例如，假設一英國公司想要投資一百萬英鎊於美國市場，該英國公司依照英格蘭銀行的規定必須在美元溢價市場 (The Dollar Premium Market) 上以英鎊購買美元。假設當時的溢價 (Premium) 是 20%，那麼英國公司卽必須以一百二十萬英鎊來投資於相當於一百萬英鎊的美元資產。這二十萬英鎊卽等於是英國政府對該英國公司的徵稅。當英國公司出售美元資產時，只有 75% 的美元可以在美元溢價市場上出售得到英鎊，其餘 25% 的部份只能在美元卽期市場上出售，也就是說，該英國公司在購買美元時多付的 20% 溢價中有 75% 可以在資金回流時收回，至於另外溢價的 25% 就是付予英國政府的平衡稅了。

國、美國兩個國家與英國母、子公司及美國母、子公司，如圖六所示。

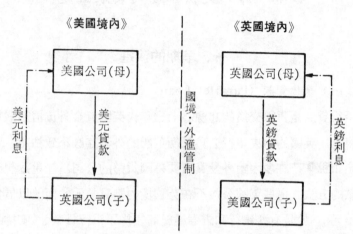

註：① ──→ 箭頭所示爲貸款的本金流程

　　　-- → 箭頭所示爲貸款的利息流程

　　②美元利息表示以美元利率計息

　　　英鎊利息表示以英鎊利率計息

圖六　平行貸款

平行貸款是，在一國（如英國）的甲公司貸款予其國內的一家外國公司（如美國公司）一定金額的該國貨幣（英鎊），而此外國公司在其本國（美國）內的母公司亦相對的將等值的該國貨幣（美元）貸放予甲公司在該國（美國）內的子公司（請參考圖六）。平行貸款是單獨的兩個貸款合約，分別由一母公司貸款給另一國母公司的子公司，平行貸款雖非兩個母公司彼此間直接的互貸，但因子公司的貸款均有其母公司的保證，因此效果相同。平行貸款的貸款期限通常長達 5 至 10 年，較短期限的貸款亦常安排，超過 10 年者則非常少見。平行貸款多採固定利率的計息方式，按期（每半年或一年）互相支付利息予對方，屆期各償

還原借款金額。平行貸款是單獨的兩個貸款合約，分別有法律上的效力，因此若一方違約，他方仍須依合約執行，不得自行抵銷。爲減低這種違約風險，另一種與平行貸款極爲類似的背對背貸款應運而生。

（二）背對背貸款（Back to Back Loan）

背對背貸款是甲國的甲公司貸予乙國的乙公司一定金額的甲國貨幣，同時乙國的乙公司亦將等值的乙國貨幣貸放予甲國的甲公司，二筆資金到期日相同，按期各支付利息，屆期各償還原借金額，如圖七所示。

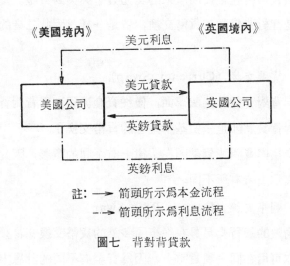

註：—→ 箭頭所示爲本金流程
　　--→ 箭頭所示爲利息流程

圖七　背對背貸款

背對背貸款是兩國境內的兩個公司相互直接貸款，與平行貸款的分別貸款予對方的子公司有結構上的不同（惟效果是相同的）。背對背貸款雖然亦是兩筆貸款，但卻只訂一個貸款合約，合約中規定當一方違約而使他方遭受損失時，他方有權自動自本身的貸款中抵消該損失，以爲補償。這項補償條約（Set-off Clause）使雙方貸款的風險降低，而一個貸款契約也使得契約的文件工作（Documentation）簡化。

背對背貸款已經極爲接近現代的貨幣交換了，差別中二者最大的差別乃在法律層面上。背對背貸款是借貸行爲，在法律上產生新的資產與負債（雙方互爲對方的債權與債務人）；貨幣交換則是不同貨幣間負債的交換或資產的交換，不產生新的資產與負債，換言之，現代的金融交換不會改變一公司本來資產與負債的狀態，是一種資產負債表外的業務（OBS Business）。惟二者的經濟效果則相同，以圖七爲例，美國公司與英國公司以美元與英鎊互相交換後，美國公司按期支付英鎊利息予美國公司，英國公司按期支付美元利息予美國公司，在同一到期日美國公司與英國公司再互相換回原來的美元資金與英鎊資金。以上的資金流程，不論是背對背貸款或貨幣交換，皆是一樣，因此二者的經濟效果是相同的。

（三）貨幣交換（Currency Swap）

若撇開背對背貸款的法律面，僅從資金流程來看背對背貸款的經濟面，則背對背貸款即是一個基本型態的貨幣交換了。

貨幣交換與背對背貸款因在法律上有不同的意義，因此在租稅、會計與報表表示上皆有所不同。

（四）利率交換（Interest Rate Swap）

一個倫敦的銀行交易員在從事了多筆的貨幣交換交易後，理解到同樣的技術亦可用在同一種貨幣上，因爲資金有不同的計息方式，所以即使是同種的貨幣也可以進行交換，惟因是同種貨幣，因此本金的交換沒有必要，只需進行利息部分的交換即可，而利息亦因是同種貨幣，因此只要進行差額部分的交換即可。有了利息交換的觀念後，約經一年，才實際有利率交換交易。利率交換雖導源於貨幣交換的觀念，且在貨幣交換發生一年後才出現，但利率交換產生後，由於利率市場，尤其是歐洲美元市場又深又廣，使利率交換交易迅速發展，成爲交換市場的主流，

交易量約佔所有交換交易的 80%。

二、近期的發展

(一)市場的成長

交換市場究有多廣多深,是一個很難回答的問題,金融交換的交易量只是一個估計的數字,而這個數字的來源並無正式紀錄可查。金融交換的交易量來自市場上交易員的估計,交易公開的雖多,密而不宣的也不少。據市場上交易員的估計, 一九八三年市場的成交量約爲 US＄40 billion (US＄40,000,000,000), 一九八四年約爲 US＄100 billion,成長 150%, 一九八五年約爲 US＄200 billion , 成長 100% , 一九八六年約爲 US＄300 billion, 成長 50%, 一九八七年約爲 US＄400 billion, 成長 33%❷。交換交易以如此快速的幅度成長, 其實並不意外。以下幾個原因造成交換市場迅速成長:

1. 國際金融服務競爭非常激烈,金融創新以滿足金融消費者的需要成爲必然趨勢,消費者在此趨勢下,金融知識亦愈漸提高。金融交換的利益漸爲人知後,金融交換交易亦日漸普遍,交換交易愈多,交換愈爲人知,這種相互影響的互動關係使交換交易的參與者日眾,交換市場的深廣度增加。

2. 交換技術與證券發行之間存在密切關係,據估計新發行的債券有 70% 至 80% 以進行交換爲前題。因此,在金融證券化趨勢下,交換交易量增加迅速。

3. 交換市場上的主要參與者(指金融機構,尤其是大投資銀行與

---

❷ 1988 年 7 月 19 日路透社發自紐約的電訊中指出, 國際交換交易員協會 (International Swap Dealers Association, ISDA) 說, 全球利率和貨幣交換市場已快速發展, 總交易量逾一萬億 (1,000 billion) 美元。

大證券公司），不但大力介紹鼓勵其客戶（指其他的金融機構、大公司企業與國際組織、政府機構等）使用金融交換，其本身亦大量使用金融交換。他們由金融交換的使用者、中介者，更進一步到本身持有交換部位（Swap Position）。這種行爲增加了交換交易的做成機會，使交換市場更具流動性。

4. 交換技術極有彈性，金融交換的基本模式（固定利率與變動利率間的利率交換及固定利率不同貨幣的貨幣交換）雖已成熟，但交換交易的新模式仍不斷爲交換者的特殊需要而設計，或爲創新的金融工具而產生，因此交換市場仍年輕、充滿活力、並蓬勃發展。

（二）初級市場與次級市場

投資銀行與大證券公司是交換市場的靈魂，他們找出交換的可能對象，推銷交換機會，做成交換交易，同時他們本身亦是交換者。近年來他們更由交換的中介者、使用者的角色更進一步到持有交換部位並買賣之（Trading Swap）。這種行爲不但使交換的初級市場❸ 更具流動性，且創造了交換的次級市場❹ 。

交換交易需在有對手（Counterparty）的情況下才能做成，假如對手一時尋找不到，那麼交易就無法做成。理論上，交換者可不經由中介而直接達成交換協議，但實務上交換的對手很難尋找，且交換的技術十分複雜，因此交換多經由銀行等金融機構中介完成。銀行由於參與眾多經濟、金融、商業、投資與借貸等活動，接近供需雙方，容易找到潛在的交換者，因此他們拉攏交換雙方，提供交換技術，使交換交易做成。

---

❸ 初級市場（Primary Market）又稱發行市場或基本市場，一般指新證券的發行市場。交換的初級市場指交換第一次做成的市場。

❹ 次級市場（Secondary Market）又稱交易市場或第二市場，是指已發行證券的買賣市場或流通市場。交換的次級市場指交換部位的買賣市場。

換言之，交換市場是他們創造的。

　　假如中介銀行無法替欲交換的一方尋找到交換對手，那麼該交換交易就無法做成，中介銀行除無手續費等的可觀收入外，還可能失去此客戶，基於種種考慮（如因手續費及證券發行經紀費用等收入，有利的利率走勢及優良客戶等），中介銀行可能會自己擔任另一方的交換者（如第 22 頁圖三所示），換言之，此時該中介銀行承擔了交換部位。

　　中介銀行持有交換部位後，可能僅暫時持有，嗣後繼續尋找交換對手，將交換部位軋平，也可能即由自己持有並買賣這些交換部位。

　　中介銀行由中介交易進而到自己承擔交換部位，再進一步到買賣交換部位，是交換市場的一大進展，交換市場由初級市場的擴大進而到次級市場的開展。惟次級市場自出現以來流動性即很低，次級市場的發展受到下面幾個因素的阻礙：

　　1. 交換交易多根據交換者的個別需要而特別設計(Tailormade)，很難適合不特定對象，因此交換對手不易尋找，更難進行再交易。

　　2. 交換交易的最大風險是違約風險，為減低違約風險，必須慎選交換對象，因此交換者需要注重交換對手的信用。在交換契約中常規定交換對手的讓渡需經對方同意即一例子。

　　3. 交換市場中的參與者，除擔任中介角色的金融機構外，其他的參與者如多國籍企業、國際組織、商業銀行、中央銀行等進行交換都有特殊目的，將原交換交易再交易的可能不大。

　　次級交換市場的參與者少，交易機會亦少，交易量不易擴大，次級交換市場因此流動性低。

　　（三）交換部位❺的管理

---

❺　交換部位：資金的進出日期常會有不能配合的情形，這種流入與流出的金額相同，惟交割日期（或到期日 Maturity）不相配（Mismatch）的資

　　交換交易在理論上雖可由交換者直接進行，惟實務上交換交易多經由銀行等金融機構中介做成。以銀行立場觀之，若銀行僅爲交換交易的中介者，則交換交易對銀行的資金狀態（流入與流出）沒有影響，此爲 Matched Swap（如第 21 頁圖二）。若中介銀行一時無法找到交換對手，而又不願拒絕要求交換的客戶，則中介銀行只好先做成交換的一半（如第 22 頁圖三），此時中介銀行本身成爲交換者，其資金的流入與流出將產生變化，換言之，銀行有了交換部位。銀行有時亦會故意持有或創造交換部位以獲利率變動利益，此有意持有或創造交換部位的行爲帶有投機性質。

　　銀行持有交換部位後，對銀行及交換市場均產生相當影響，影響情形如下：

　　1. 銀行持有交換部位，如同商店有了庫存，對於購買者來說，成交的機會較完全沒有庫存的商店爲高，因此銀行優良庫存愈豐富者愈易

　　（續）金，即交換部位，換言之，交換部位由到期日差距（Maturity Gap）造成，到期日差距招致風險產生，其中涉及一種貨幣之利率風險者爲貨幣市場部位，兩種貨幣之利率風險者爲換滙部位。

　　　　若是資金借入（Borrowing）與存放（Placement）的到期日不相配，例如借入短期資金做長期貸放，則在兩個到期日間，當該種資金的利率變動時，會有風險，這種利率變動風險只涉及一國貨幣市場的利率變動，稱爲貨幣市場部位（Money Market Position）。若是資金買入（Buying）與賣出（Selling）的交割日期不同，則在買賣兩個交割日期間的利率變動時，亦會有風險，這種利率風險涉及兩種通貨的利率變動，稱爲換滙部位（Swap Exchange Position 或 Swap Position）。例如一月一日買入美金一百萬美元（付出新臺幣），七月一日賣出該筆美元（收回新臺幣），則在一月一日與七月一日間，不論美元或新臺幣的利率變動都會使一百萬美元的換滙部位產生損益。惟因美元的淨部位（Net Foreign Exchange Position）不因換滙交易而變動（在此例中，買入一百萬美元同時賣出一百萬美元，故外滙淨部位不變），因此換滙部位並沒有滙率風險（換滙部位不是外滙部位）。

成爲市場的領導者，亦愈有助於市場的發展。

　2. 銀行持有交換部位後，交換部位的管理成爲首要之務，交換部位會因利率變動而發生損益，換言之，交換部位有利率風險。

　3. 銀行由交換部位的管理進而到交換部位的買賣，創造了交換的次級市場。

　交換部位有利率風險，換言之，利率的變動會使銀行產生損益，因此交換部位的管理首重避險， 惟有時 （當銀行認爲利率走勢趨於有利時）銀行亦會故意持有甚至創造交換部位，以獲取利率變動的利益。利率變動因素複雜，銀行判斷可能失誤，因此故意持有交換部位是投機行爲。例如A銀行在二月一日承做一筆六個月期的新臺幣放款，A銀行因直接借新臺幣的資金成本太高，乃選擇自國外借入美元後，在國內換滙市場上換滙的方式來取得新臺幣。A銀行擬定了兩個方案：

方案一：二月一日A銀行借入六個月期的美元（到期日八月一日），
　　　　並在換滙市場上賣出卽期美元（二月一日交割），買入遠
　　　　期美元（八月一日交割）。A銀行資金（以美元爲例）的
　　　　流動情形如圖八所示。

（美元進）	二月一日	（美元出）
借入六月期美元（貨幣市場）		賣出卽期美元（換滙市場）

（美元進）	八月一日	（美元出）
買入之遠期美元到期（換滙市場）		償還美元借款（貨幣市場）

圖八　資金流程──方案一

方案一中自二月一日至八月一日間Ａ銀行不論是美元或是新臺幣的資金進出都完全軋平，沒有到期日差距（即沒有交換部位），因此沒有利率風險。

方案二：

(1) 二月一日：Ａ銀行借入六個月期的美元資金，到期日爲八月一日。

(2) 二月一日：Ａ銀行在換滙市場上進行一個換滙期間爲一個月期的換滙交易(SWAP①)，情形爲賣出即期美元（交割日爲二月一日），買入遠期美元（交割日爲三月一日）。

(3) 三月一日：Ａ銀行再進行一個換滙期間爲五個月期的換滙交易(SWAP②)，情形爲賣出即期美元（三月一日交割），買入遠期美元（八月一日交割）。

(4) 八月一日：買入遠期美元到期，用來償還二月一日的美元借款。

方案二中，Ａ銀行整個的資金調度計劃（包括二個換滙交易）最後雖使美元的流入與流出一致（圖九①），但是在過程中卻因美元進出日期的不一致（即持有交換部位）而承擔利率風險，茲說明如下。

在二月一日Ａ銀行借入六個月期的美元並進行換滙交易①（即賣出二月一日交割的即期美元買入三月一日交割的遠期美元）。結果Ａ銀行美元借款的期間（六個月期）與換滙交易的期間（一個月期）不同，因此產生了到期日差距——三月一日資金進，八月一日資金出（如圖九②所示）。

Ａ銀行擬定方案二的理由，是預期一個月後（即三月一日）的新臺幣利率將下跌，遂採取借短放長的做法，故意持有一個交換部位。假如Ａ銀行利率變動的預期正確，那麼Ａ銀行在三月一日再進行換滙交易②

①資金流程——方案二

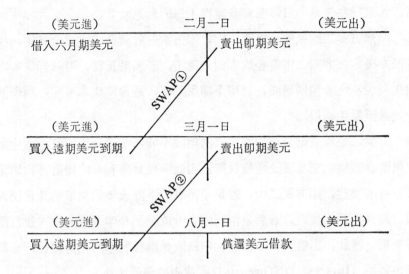

②二月一日至三月一日前的資金進出帳：

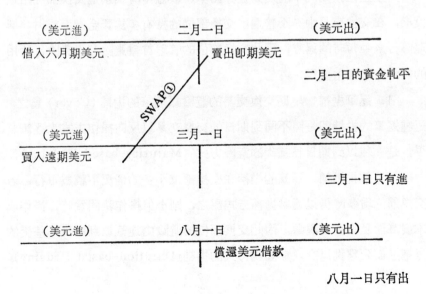

圖九　資金流程——方案二

的成本就會降低，Ａ銀行可因此獲得較多的利潤，若新臺幣利率下降１
％，Ａ銀行在三月一日後即可多獲得１％的利息收益。

　　顯然方案二的風險比方案一大，因方案一的資金成本完全確定，故
利潤亦確定。方案二則資金成本尚未確定，若預期正確，可降低成本，
增加利潤，惟若預期錯誤，利率不降反升時，則會使成本增加，利潤減
少（甚至發生虧損）。

　　方案二是新臺幣貸放期間與換滙期間不同，有了交換部位，產生利
率風險。因換滙交易涉及兩種貨幣，因此兩種貨幣利率的變動都會影響
Ａ銀行的損益，如方案二中，若新臺幣利率下降或美元利率上升會使Ａ
銀行額外獲利，反之，若新臺幣利率上升或美元利率下降會使Ａ銀行額
外受損。因此，影響換滙部位的利率風險是兩種利率的相對變化，亦即
利率差距（Interest Differential），或者換滙滙率❻。

　　完全正確預期利率的變動並非易事，故意持有或創造交換部位用以
投機，在交換交易中亦不普遍，交換部位的持有多爲資金調度或財務處
理等行爲中暫時的過程，因此交換部位的管理首重避除利率風險，所用
的避險方式則主要爲：

　　1. 逐筆拋補：早期交換交易的避險以逐筆的拋補（Cover）爲之，
這種逐筆的拋補即是將不同到期日的交換交易以反向操作方式來逐筆軋
平，是一種以到期日爲基礎的避險方式（Maturity-based Hedging）。

　　2. 整批拋補：逐筆的拋補在交換部位不多的情況下較爲可行，若
交換部位增多時仍以逐筆拋補方式爲之，則不但操作時間費時，操作成
本提高而且有重覆現象。因此交換部位的避險由逐筆以到期日爲基礎的
拋補進而到整批以交換期間爲方式的拋補（Duration-based Hedging）。

---

❻　換滙滙率請參考第五章「換滙交易與換滙市場」。

當以交換期間 (Swap Period) 爲基礎來進行避險操作時，首先要進行期間分析 (Duration Analysis)，將相同期間內的所有交換交易予以合併整理爲交換組合(Swap Portfolio)，進行以交換組合爲基礎的整批拋補 (Duration-based Portfolio Hedging)。

3. 以債券方式避險： 以債券方式來避險的基本原因， 是債券的漲跌與利率的漲跌呈反方向變動， 當利率上升時債券價格下跌 (up is down)，反之亦然。因此若操作正確，利率的風險可以債券價格的變動來平衡。操作者可以買賣與交換部位的到期日接近而金額相等的美國國庫債券 (U. S. Treasuries)， 來避除交換部位的利率風險。 至於操作者究應買入或是賣出債券，則須看操作者所持有的交換部位付息情形。若操作者是以固定利率交換變動利率，如 A 銀行的情形（圖十），則A

圖十 固定利率與變動利率的交換

銀行的避險操作是買入債券 。 A 銀行是固定利率付息者（Fixed-rate Payer），當利率上漲時， A銀行仍付出相等金額的（固定）利息，但相反的， A銀行會有較多的利息收入，因此利率上漲對A銀行有利。然當利率下跌時， A銀行仍需付出相等金額的（固定）利息，但相反的利息收入會減少，因此A銀行遭受損失。因爲A銀行這個固定利率付息者將會在利率下跌時產生損失，因此A銀行應先買入債券。利率下跌時債券的價格將上漲，如此債券價格的上漲與利率下跌的損失會有平衡（或彌補）作用。 至於B銀行這個變動利率的付息者 (Floating-rate Payer) 則應出售債券。

債券的買賣不僅可以現貨方式爲之，亦可以期貨（Futures）❼或選擇權（Options）❽的方式爲之。仍以A銀行爲例，A銀行可以在期貨市場上買入期貨，或是在選擇權市場上買入「看漲選擇權（Call Option或譯買入選擇權）」。

當利率下跌時，期貨與看漲選擇權的價格會上漲，操作者可以期貨或選擇權漲價出售後的利潤來平衡利率下跌的損失，其效果與現貨市場的操作相同。交換操作以這種方式與現貨市場（Spot Market）、期貨市場（Future Market）及選擇權市場（Option Market）保持密切關係而又各自從中獲利。

使用買賣債券的操作策略可以使交換部位成爲庫存品，對於交換市場的發展非常重要。

三、未來的展望

八〇年代在金融市場上發展最迅速、影響最廣泛，也最重要的一項金融工具或金融技巧卽金融交換。金融交換發展至今，幾乎所有的財務專業人員都至少「知道」有這項金融工具或技術。任何新工具或新技術在出現以後的發展上，最大的阻礙均是人們因不了解而表現出來的遲疑

---

❼ 期貨（Futures）：是期貨契約（Futures Contract）的簡稱，該契約上載明賣方將於某一未來日期以某一固定價格對買方交付契約中規定的項目。買賣標的包括商品、通貨、黃金、利率及股票指數。

❽ 選擇權（Options）：是一項在某一固定的期間內，以某一固定的價格選擇買入或賣出某一特定項目的權利。買賣標的多爲證券、商品、通貨、黃金、利率、期貨等。選擇買入的權利稱爲「買入選擇權（Call Option）」，選擇買入表示該標的的價值在未來看漲，因此又稱爲「看漲選擇權」。選擇賣出的權利稱爲「賣出選擇權（Put Option）」，選擇賣出表示該標的之價值在未來看跌，因此又稱爲「看跌選擇權」。

不決，因此，一項新工具或新技術的發展，潛在消費者的教育與操作者的專業知識和技術水準同樣重要。第一個現代的有名的金融交換交易發生於一九八一年，IBM 公司和世界銀行進行了貨幣交換，因爲二個交換者的高知名度，使這個交換交易有重大的教育意義。從 IBM 公司與世界銀行進行了第一個現代形式的交換交易後，交換市場的發展迅速，交換市場上不論是最後的交換者(The End Users)或是中介者都繼續的不斷增加，交易量亦快速成長，交換市場的活力在參與者及交易量的大量增加中顯現出來。交換交易發展至今，最基本的美元固定利率對變動利率的利率交換，似乎已發展到生命的中年成熟期，市場的成交量大，契約的標準模式亦產生，且因市場競爭激烈，中介金融機構可獲得的中介費用（手續費或差價）縮小，市場逐漸成爲有效率的市場 (Efficient Market)❾。

除了基本型態的利率交換市場已逐漸成熟並有了有效市場的條件外，交換市場仍然非常年輕，市場上新的交換方式不斷產生，有的成功，有的失敗，大多數仍尚待考驗。

自交換交易逐漸普遍後，許多國家或地區的大銀行及大證券公司中的交易員成立了交換交易員協會之類的組織，如 ISDA❿，就是其中最

---

❾ 有效率的市場 (Efficient Market)：市場是商品買賣的場所，買賣成立有兩個必要條件：一爲價格，一爲流通。這兩個條件能充分滿足的市場即爲有效率的市場。

❿ ISDA：爲 International Swap Dealers Association（國際交換交易員協會）的簡稱。ISDA 是在一九八五年二月成立，目的在統一交換的用語、契約書的型式以及利率的計算方式等，希望將交換交易由量身定製(Toilor-made) 模式改變成標準模式，以增加交換交易的市場性和再交易性。嗣後美國、歐洲、日本等許多銀行、證券公司的交換交易員加入 ISDA 爲會員，有助於交換市場的活潑，及次級市場的發展。

有名的一個。

　　交換部位的管理技術日漸純熟後，銀行所持有的交換部位增加，對銀行的經營與交換市場的發展皆有影響。以銀行來說，銀行必須善加管理交換部位，以避免交換部位成爲不良庫存，遭受利率變動的損失。唯銀行若能善加管理並進而運用交換部位，卽一方面能使交換的成交機會增加，使銀行成爲交換市場上的做成者與領導者。目前交換市場上的主要做成者(Market Maker)爲 Citi Bank, Salomon Brothers, Bankers Trust, Morgan Stamley, Credy Swiss First Boston 等著名投資銀行與證券公司。同時在另一方面，交換部位的管理及運用使初級市場的流動性增加，並使次級市場出現。交換的次級市場受交換交易特殊性質的影響，擴展並不容易，但操作技術的增進和 ISDA 等對交換工具標準化的努力，有助於次級市場的發展。

四、貨幣當局的反應

　　金融交換自八〇年代出現以來，被認爲是最優秀的理財工具。金融交換能使各參與者本身的比較利益充分發揮，使全體利益增大，是一種增和遊戲 (Positive-sum Game)。金融交換在各種金融工具，各個金融市場上搭起橋樑，促成金融全球化 (Globalization) 或金融整合 (Integration) 的現象，金融競爭因而增強，金融服務與金融消費的水準都往上提高。金融交換非常具有正面的意義。

　　交換工具、交換技術與交換市場的發展歷史尚淺，有關的管理當局對這項新工具、新技術與新市場正密切注意當中。各有關管理當局的態度對日後此一市場的發展極爲重要，故市場各參與者十分關切。

　　交換市場正像一個成長中的孩子，變化萬千。各有關當局因不能預知它的發展，不能確定它的風險，以致在管理上顯得猶疑不決、不知所

措。各有關當局多因欠缺經驗，無法預擬管理政策與管理措施，只有跟隨着它的發展密切注意。管理當局對這種情形感到憂慮，他們擔心在交換交易的正面價值之後是否也隱藏了一些危機？他們擔心交換交易的風險性和程度有沒有被正確的認知與衡量？對於交換市場的迅速擴大，他們既怕失去控制能力，又不敢橫加阻撓，怕造成不公平的競爭環境。「Herstatt 情結」❶ 在這種管理態度上表露無疑。

　　因為各國貨幣當局對於「金融交換」的認知不一，以致在管理上有不同的態度，有些較爲鼓勵，有些則趨於抑制。如美國聯邦準備銀行卽鼓勵銀行使用交換技術來減少資金調度的到期日差距；而另有些國家對交換交易課稅。這些不一致的管理態度形成了國際間不公平的競爭環境，使交換市場的發展侷限在幾個市場上，如歐洲美元市場，紐約市場、倫敦市場、東京市場等。

　　各國貨幣當局對於金融交換的管理集中在幾個觀點上：

　　1. 金融交換在資產負債表上要不要顯示（Disclosure）？

　　2. 金融交換要不要提存準備？

　　3. 金融交換要不要核准？要不要課稅？

茲分述如下：

　　1. 要不要顯示在資產負債表上？

　　金融交換的效果表現在經濟面而非法律面，金融交換的結果並不影響資產負債的既存狀態，因此金融交換是一項資產負債表外的業務(OBS Business)，換言之，金融交換一向不顯示於資產負債表上。但是對於

---

❶ Herstatt 情結：一九七四年六月二十六日，德國赫斯特(I. D. Herstatt KGaA) 銀行因過度持有外滙部位，遭受滙率變動的損失而倒閉。該行的倒閉連帶引起其他八家銀行連鎖倒閉，引起金融風暴，造成極大震撼。德國因而修改銀行法，規定銀行可持有外滙部位的最高限額，並加強銀行的監督管理。

這種一向不顯示的做法，最近有改變跡象。一九八五年三月，英格蘭銀行首先對 OBS 業務中的若干業務（如 NIFs⑫）之風險加以評估，對於其他 OBS 業務亦逐步列入評估中。此外，英格蘭銀行建議經由國際間金融合作關係，尋求各貨幣當局採取共同的評估基準，以維持公平競爭。繼英格蘭銀行之後，日本、荷蘭、美國、德國、瑞士等國都陸續開始對 OBS 業務加以風險評估。上述各國對 OBS 業務的風險評估有不一致的標準，使得銀行間的競爭受到扭曲。一九八六年三月，國際清算銀行（Bank for International Settlement, BIS）所屬的庫克委員會報告 (The Cooke Committee Report) ⑬中即建議各國貨幣當局應有一致的基準。一九八七年四月，BIS 訂定國際統一基準並於同年十二月在十工業國⑭中央銀行總裁會議上提出。按照此統一基準，原先的 OBS 業務將在經過加權計算後，列入資產負債表中。換言之，凡此等原未列

---

⑫ NIF: 爲 Note Issuance Facility（債券發行業務）的簡稱。該項業務係承辦歐洲美元債券上市的銀行（或銀行團）的一項發行承諾，承諾在綜合承銷商無法全部銷售債券時，以倫敦銀行間放款利率 (LIBOR) 固定加碼來購買債券發行者所發行的債券。

⑬ 國際清算銀行 (Bank for International Settlements, 簡稱 BIS)：國際清算銀行成立於一九三〇年五月，總部設於瑞士巴塞爾 (Basle)，設立的目的在促進有關國家中央銀行合作，便利國際間金融清算，並爲國際金融操作提供融資。會員爲三十個中央銀行，包括二十五個西歐各國之中央銀行（蘇俄、少數東歐國家及西班牙除外），及美、加、日、澳及南非五國。可以說是中央銀行的銀行。庫克委員會（原名爲「銀行管制監督委員會」）成立於一九七四年，成員包括比、加、法、德、義、日、荷、瑞典、瑞士、英、美、盧等 12 國之中央銀行與金融監督當局，由英格蘭銀行之理事庫克擔任主席，故又名爲庫克委員會。

⑭ 十工業國：卽 Group of Ten, 簡稱 G10。包括美國、西德、日本、英國、加拿大、義大利、法國、比利時、荷蘭、瑞典等十國，又稱爲 Paris Club。

入資產負債表上的項目，在列入資產負債表以前，先給予一個風險權數，各銀行依照風險權數加權計算各項目的價值，例如短期承諾給予0.1 的權數（正常貸款的權數為 1）。上述建議各國目前仍在檢討中。

因為 OBS 業務的風險屬於或有負債，所以許多國家的會計師和銀行監督者並不想要它們顯示出來。Euromoney（歐元雜誌）一九八六年所公佈的五百大銀行中，除美國銀行外，均不願公佈。

公司企業或金融機構的財務狀況影響投資人和借款人的判斷，OBS 業務，尤其是金融交換，若不顯示，將無法正確得知公司的財務狀況，因此在未來顯示出來將是必然的趨勢。

2. 要不要提存準備？

由於金融交換在資金調度、財務處理及風險分散等方面的優良效果，許多公司企業及金融機構承做了很多的交換交易。交換交易有違約風險，交換者可能會因對手違約而遭受損失，以致某些人主張，交換交易應如同貸款一樣提存準備。對於這種主張，評論者多認為不必要，因為實務上進行金融交換主要是為財務、資金調度或避險等原因，若違約發生，則最大的風險也僅為回復到原來的財務狀態，因此對於 SWAP 這種具有危險減少效果（Risk Reduction Impact）的工具再提存準備是不甚合理的。

3. 要不要核准及要不要課稅？

有些國家對金融交換不予干涉，如英國；有些國家則規定金融交換需核准或報備，如德、日、瑞典、義大利、挪威等。

有些國家對金融交換的利息所得課稅，另一些不課稅。課稅是對交換市場的嚴重抑制行為，造成國際間交換市場的不公平競爭。有些國家對金融市場有各種管理規定，如外滙管理、利率管理、資本流動管理等，交換交易能設法規避。因為金融交換能規避部分管理當局的管理規

定，使管理當局控制金融的能力降低，這種情形是有些國家的管理當局
所不願見到的，因此對交換市場抑制。

第二節　交換市場的參與者

一、經紀人（Broker Role）

經紀人的主要功能在找出最後的交換者（The End Users）或交換
對手（Counterparties）。經紀人在發掘出可能的交換者後，與之協調
溝通並促成交換協議的達成。經紀人除安排及促成交換交易外，本身並
不參與交換交易。

二、中介者（Intermediary Role）

中介者的主要功能是做成交易及承擔風險。中介者與經紀人的不同
在於經紀人不參與交換交易，而中介者實際參與交換交易。因實務上
交換交易直接進行者並不多，而經紀人因本身多爲大投資銀行或證券公
司，有能力做成交易與承擔風險，所以通常中介者即經紀人。中介者雖
本身並無資金的流動但因分別與最後的交換者訂定交換協議，其本身亦
成爲交換者（但非最後交換者，僅爲中介交換者），承擔交換風險。

三、最後交換者（The End Users）

最後交換者（或交換對手 Counterparties）才是眞正交換市場的主
角，他們是交換市場的需求與供給者。最後交換者主要是多國籍公司，
大公司企業，金融機構及各國政府、政府機構、國際組織等。

多國籍公司與大公司企業是交換市場上最主要的參與者，他們爲財

務，資金調度與風險管理等各種原因參與交換市場。在各種財務原因中，減低資金成本是最主要的，如前章第三節中甲、乙銀行的例子。資金調度亦是交換交易的主要目的，如本章第一節中A銀行的例子。

在外滙風險的管理上，交換交易亦是十分重要的一種工具。風險管理最重要的兩個策略一爲配合（Matching），另一爲抵銷（Netting）。所謂配合是調整資金流入與流出的條件儘量使之一致，如幣別相同避免滙率風險， 到期日相同避免利率風險等， 金融交換即爲良好的調整工具。所謂抵銷是指不同風險互相抵銷，例如在資產當中包括美元與馬克等兩種以上滙率變動相關的貨幣， 其滙率風險可部分互相抵銷， 較之全部資產同爲一種貨幣計值的滙率風險爲低。風險互相抵銷即是風險分散，金融交換爲一重要的分散工具。

各國政府，尤其是開發中國家政府，向先進國家直接借貸的債務已非常龐大，然而這些政府仍迫切需要新的貸款，在直接借貸不易的情形下，交換技術提供了另一途徑。

各政府機構如各國中央銀行、開發銀行、輸出入銀行等，各國際組織如世界銀行、國際清算銀行、亞洲銀行等，均有他們各自的特定理由而需要交換技術。如美國聯邦準備銀行與十四家外國中央銀行及國際清算銀行間之通貨互換協議（Swap Agreement）， 爲各國中央銀行間的雙邊協議，可使雙方從事約定限額內的換滙交易，以達成暫時持有他方通貨的目的，俾用以維持滙率穩定。另如世界銀行與 IBM 公司間的貨幣交換，是一個極有名的例子。

金融機構在交換市場上極爲重要，他們既可是交換的中介者，又可是交換的最後使用者。金融機構若是交換的最後使用者時，其交換原因及目的與其他公司企業相同，亦是基於財務處理、資金調度或風險管理等因素。金融機構若是交換的中介者時，則操作的目的在於取得手續費

等收入，同時提供高度專業服務以增加競爭能力。

　　金融機構（如A銀行）在擔任經紀人、中介者或最後交換者的各種角色時，其功能如下圖所示：

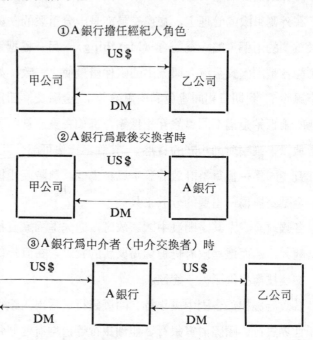

①A銀行擔任經紀人角色

②A銀行為最後交換者時

③A銀行為中介者（中介交換者）時

圖十一　金融機構在交換市場中的角色

四、監督者 (The Authorities)

　　交換市場上的監督者是各國貨幣主管當局，如各國中央銀行、財政部等。各國貨幣主管當局對於交換市場的管理態度並不一致，甚至國內有關單位間對於交換交易的看法（如金融交換的影響）亦並不相同，形成管理態度的分歧，惟有鑒於交換市場的迅速成長和影響深遠，各國有關主管當局皆對交換市場密切注意，是市場監督者。

第三節　　交換市場的特性

交換市場有幾個重要的特性:

1. 交換交易起源於平行貸款,今日交換交易雖有多種型態,但仍是以平行貸款為模式導出的債務交換(Debt Swap)為主。故交換市場與債券市場,尤其是歐洲債券市場關係密切。

2. 交換交易的效果在影響企業等交換者的經濟面(即資金流程的金融面),但不改變交換者法律面的資產負債狀況,是一種資產負債表外的業務(OBS Business)。

3. 交換交易與證券業務,尤其是新證券的發行業務有密切關係。據估計,新發行證券中有70%至80%的部份是以交換為前題的。

4. 交換交易不斷以新面貌登場,因新式交換工具不斷出現使交換市場年輕充滿活力。惟新交換工具或交換技術大多仍待考驗。

5. 交換市場成長快速,參與者與成交量均不斷增加,是所有新式OBS業務中成長最快的一種。交換市場與歐洲美元市場密切關連,因歐洲美元市場既廣又深,交換市場仍有廣大的成長空間。

6. 交換市場的參與者多為多國籍企業、金融機構、國際組織、各國政府機構等金融強者,是一個強者的市場。

7. 交換交易為配合參與者的個別特殊需要,經常特別加以設計,因此呈現量身定製(Tailor Made)的特性。因為特別定製因此有充分的彈性來配合參與者的需要,但也使交換的成本提高。近年來,美元利率交換已有標準模式,減低了交換的成本,也增加了交換的市場性與再交易性。

8. 交換交易的次級市場不發達。交換交易多為特別定製的,缺乏

標準模式 (Standard Terms)，不容易再交易，此爲次級市場不發達的主要原因。惟近年來，美元利率交換的次級市場已逐漸興起。

9. 交換交易充分表現金融整合 (Integration) 的特性。交換技術在不同的金融市場、不同的地區、不同計息條件的金融工具或不同貨幣計值的金融工具間搭起橋樑，使因政府管制或其他原因而發生的金融差距縮短或消失，充分發揮金融整合或金融全球化 (Globalization) 的效果。

10. 交換技術是一種專業技術，成功的要件是人才與全球營業網。全球營業網能幫助發掘潛在的交換對手，能 24 小時交易以增加成交機會，能充分運用各地區市場的有利條件。故，交換市場的發展需以國際化 (Internationalization) 或全球化爲前題。

11. 交換市場是無形市場，沒有交換所 (Exchange)，沒有集中交易。除母子公司間有直接交換外，其餘大都經中介者間接交換。

12. 交換的目的主要在財務處理與避險方面，很少投機。交換交易能增加全體利益是一種增和遊戲，不同於其他很多以投機爲目的的零和遊戲。

13. 交換市場以 $LIBOR 市場（以 LIBOR 爲計息方式的美元市場）爲中心。 $LIBOR 一向是國際間借貸的主要計息基準， $LIBOR 市場是國際間最大的借貸市場，流動性很大，供需容易配合。理論上各種不同貨幣間應可直接進行貨幣交換，但實務上多經過 $LIBOR 間接交換，例如西德馬克與澳幣的交換情形通常是 DM⇄$LIBOR⇄A$。

14. 交換交易的金額一般在等值美金五百萬至一億之間。大多數的交易是在等值美金一千萬至五千萬之間。契約金額大，是一般企業不容易進入交換市場的原因之一。

15. 交換交易的交換期間一般在五至十年間。交換期間長使交換交

易能部分取代中長期遠期外滙契約 (Medium to Long-term Forward Contracts)，實務上遠期市場較不活潑，交換市場發展快速正可加以彌補。

16. 交換契約是雙務契約，換言之，若當事人之一方有違約情況時，他方得提前終止契約並請求損害賠償。這項特性使交換市場的風險較小。

第三章

交換價格的決定

第一節　決定交換價格的因素

一、資金的期末價值與現值

交換會成功是因交換者認爲交換後的情況對自己更爲有利，因此，被用來交換的資產或負債在客觀上的價值應是相等的，換言之，價值不等的標的不可能交換，因爲誰也不願意以多換少或以好換壞。例如，以年息 10% 的一百萬新臺幣交換年息 5% 的一百萬新臺幣相信是絕無可能成功的；　因此固定利率的同種貨幣間沒有交換機會。但是很多情況下，金融工具的價值是否相等不是如此明顯的，例如年息 6% 的五年期固定利率與基本利率（Prime Rate）之交換是否可行？又如一百萬美元與三千萬新臺幣交換半年是否有人願意？上述交換交易是否能成功，很難從表面上立刻判斷，　我們需要很多的資料來幫助決策，　如滙率的預期、利率的計算、交換對手的信用、資金市場的流動性以及本身的資金情況等。

基本上，對於不同幣別或計息方式的金融工具，衡量它們是否等價，可經由多種方式來計算，其中最重要的是淨現值（Net Present Value）與內在報酬率（Internal Rate of Return，簡稱 IRR）。以下舉例說明。

假設A公司有新臺幣三千萬元，考慮投資於五年期、年息爲10%的歐洲美元債券，A公司的可能選擇方案有：

①以新臺幣購買美元後做美元投資。

②一方面以新臺幣購買美元進行美元投資，一方面預售五年期美元遠期外滙。

③以新臺幣交換美元，五年後再換回。

第①種方案下，Ａ公司五年中所取得的利息及五年後的本金都有滙率風險。因爲Ａ公司所投資的歐洲美元債券利率爲10％，故一年中美元若貶值10％，Ａ公司的投資利息卽全部泡湯，而以機會成本的觀點言，Ａ公司尚虧損了５％（設新臺幣利率爲５％）。在浮動滙率制度下，五年後的滙率非常難以預測，而浮動滙率制度下國際主要通貨一年內滙率變動的幅度平均超過15％，Ａ公司所面臨的滙率風險不可謂不大。

第②種方案下，Ａ公司以預售美元遠期外滙的措施來避除滙率風險，那麼預售的金額是多少？

假設Ａ公司購買美元時的卽期美元滙率爲１美元兌30元新臺幣，則Ａ公司投資於歐洲美元債券上的金額爲一百萬美元($30,000,000 \div 30$)。五年後Ａ公司可取回 US＄1,610,510（假設Ａ公司在五年後一次取回利息和本金）。其計算經過爲：

第一年的本利和　$1,000,000 \times (1 + 0.1) = 1,100,000$

第二年的本利和　$1,100,000 \times (1 + 0.1) = 1,210,000$

第三年的本利和　$1,210,000 \times (1 + 0.1) = 1,331,000$

第四年的本利和　$1,331,000 \times (1 + 0.1) = 1,464,100$

第五年的本利和　$1,464,100 \times (1 + 0.1) = 1,610,510$

或者簡化上述計算爲

$$1,000,000 \times (1 + 0.1)^5 = 1,610,510$$

$\Longrightarrow$ 本利和 ＝ 本金 $\times (1 + 利率)^{期間}$

因爲Ａ公司目前一百萬美元的投資五年後可取回 US＄1,610,510，因此Ａ公司預售該金額的遠期外滙以規避滙率風險。

理論上Ａ公司雖可以預售外滙的方式來規避滙率風險，惟實務上遠期外滙市場的流動性一向不大，Ａ公司是否得以順利預售出去，是否還

需要付出其他避險成本（如保證金之類）都需要考慮。

　　第③種方案Ａ公司以新臺幣交換美元，再投資於歐洲美元債券上。五年後債券到期，Ａ公司取回債券本息，再交換回來新臺幣。此方案下的資金流程與第②案相同，惟第②案是分別在即期市場與遠期市場上操作，外滙預售的價格（即可取回的新臺幣資金）依遠期滙率而定；第③案則僅在交換市場上進行交換交易。

　　第③案旣是以新臺幣與美元交換，那麼交換價格如何決定？經由第②案的計算，我們已知一百萬美元的投資（年息 10%），五年後相當於US＄1,610,510，該金額又應該換回多少的新臺幣呢？

資金運用方式 資金運用期間	美　　　　　元	新　　臺　　幣
第 0 年（債券投資時）	1,000,000	30,000,000
第 5 年（債券到期時）	1,610,510	？

　　假設新臺幣的利率爲年息 5 %，新臺幣三千萬元在五年後爲

$$NT＄38,288,447 \longrightarrow NT＄30,000,000 \times (1+0.05)^5$$

亦卽 US＄1,610,510 應至少相當於 NT＄38,288,447，交換才可能成立。

　　上述三案究應選擇何者，需視滙率及利率的走勢，當地外滙市場與資本市場的發展，以及Ａ公司的資金情形等狀況而定。

　　本例中 US＄1,000,000，年息 10%，五年後價值 US＄1,610,510，其計算公式可簡化爲

$$到期價值＝現值 \times (1+利率)^{期間}$$

　　上述公式可轉變爲

$$現值 = \frac{到期價值}{(1＋利率)^{期間}}$$

　　現值的計算非常重要，因爲在資金調度及運用時，經常有應收應付款項，這些應收應付款項若不加以適當處理，即會因產生交換部位（請參考 47 頁），或外滙部位而面臨利率、滙率風險。對於應收、應付款項的處理有幾種方式，玆仍以Ａ公司爲例，假設Ａ公司已知五年後會有 US＄1,610,510 的收入，Ａ公司的可能選擇方案有：

　　①什麼都不做

　　②預售五年期遠期外滙（遠期外滙市場）

　　③先借入一筆美元資金（美元資本市場）

　　④先借入一筆新臺幣資金（新臺幣資本市場及交換市場）

　　⑤其他：如賣出「外幣期貨」❶ 或買入「賣出選擇權」❷

　　若Ａ公司預期五年後美元的價值會增加（即美元呈升值走勢），則Ａ公司什麼都不做（第①案），等待坐享美元升值利益，也許是最佳的策略，但誰能正確預期五年後的滙率？Ａ公司若選擇第①案，將面臨很

---

❶　外幣期貨(Currency Futures)：外幣期貨的運用與遠期外滙類似，都是買賣雙方以約定的價格，買賣一約定數量之未來某日交割的外滙。唯遠期外滙的交割日可爲一年中的任何一個營業日，而外幣期貨則限於一年中固定的四個交割日，此外，遠期外滙交易的金額可以是任何買賣雙方約定的金額，外幣期貨則有標準化的交易單位，買賣金額是以多少單位計算。

❷　外幣選擇權 (Currency Options)：不論遠期外滙或外幣期貨，買賣雙方均負有相同的權利與義務，到期都需如約交割；外幣選擇權就大不相同。外幣選擇權的購買者在付出權利金後，即獲得一項在契約到期前或到期時「選擇」交割或不交割的權利，換言之，選擇權的買方有權決定履約或不履約。若選擇權買方購買的是「是否買入」(Whether to Buy)外幣的權利，即爲買入選擇權(Call Options)；反之若爲「是否賣出」(Whether to Sell) 的權利，則爲賣出選擇權 (Put Options)。外幣期貨與選擇權的運用請參考時報出版公司財經叢書(12)——外滙風險管理。

大的滙率風險。

　　A公司爲規避滙率風險可以預售五年期遠期外滙 US＄1,610,510（第2案）。

　　理論上A公司固可用預售遠期外滙的方式來避險，但實務上，是否能順利以合理的價格預售出去，仍需視遠期市場的發展情形而定。除遠期市場外，A公司亦可以在資本市場上採取避險策略。A公司可以進入美元之資本市場，先借入一筆相等於五年後 US＄1,610,510 的資金，期限五年，A公司將該筆資金在卽期市場上出售，獲得新臺幣加以運用，五年後A公司收入 US＄1,610,510，用以償還到期之美元借款（第③案）。

　　在第③案中，A公司需要知道五年後的 US＄1,610,510 之現值是多少？假設A公司借入該筆資金需要付出年息 10% 的利息，以上述公式，可計算出該筆資金恰爲一百萬美元。

$$\frac{US\＄1,610,510}{(1+10\%)^5} = US\＄1,000,000$$

換言之，A公司現在借入美金一百萬元，利率 10%，期限五年，五年後本利償還共需付出 US＄1,610,510，與A公司預計之未來外幣收入相等，資金收付軋平。理論上，該方案下之財務處理無滙率與利率風險，十分理想，唯實務上，A公司是否能夠以固定利率計息方式借入長達五年的外幣資金，仍需視市場情形及公司信用而定。

　　A公司除可先借入一筆美元資金出售爲新臺幣，用以規避滙率風險外，若A公司現在需要美元資金，而市場上美元資金不易取得（或取得成本太高），則A公司亦可先借入一筆新臺幣資金（年息 5%，期限五年）交換成美元，五年後再用 US＄1,610,510 換回新臺幣，用以償還到期的新臺幣借款（第④案），資金流程如下圖所示。

第 0 年本金流程

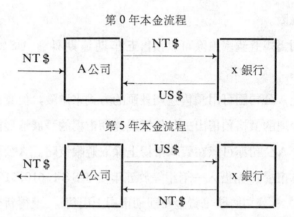

第 5 年本金流程

　　第④案中，我們已知 A 公司在五年後有 US＄1,610,510 的收入，該收入的現值經計算得知爲 US＄1,000,000（利率爲 10%），設卽期滙率爲 1:30，A 公司在第 0 年的期初交換可能情形爲：

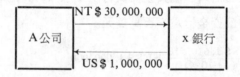

則第 5 年的期末交換可能情形爲：

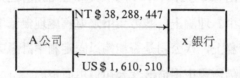

　　上述四種方案 A 公司究應如何選擇，需視 A 公司對滙率與利率的預期，當地外滙市場與貨幣市場（或資本市場）的發展情形以及 A 公司的資金狀況而定。

　　由以上的例子可再一次的理解，金融交換是一種財務處理，資金調度，風險規避的工具（或技術），它提供財務人員另外一項選擇。上述

資金的期末價值與現值的計算，看似繁瑣，唯實務上，計算工作可用電子計算機甚或用電腦來處理，是很容易的。

上例為解說與計算方便，我們假設Ａ公司的投資與債務均是到期本利一次收取或支付，實務上，利息的支付有很多方式，最常見的方式為在借貸期間內，利息每年支付一次（或半年一次），本金到期一次清償；或為在借貸期間內本利平均攤還。舉例如下：

	(1) 本金到期一次清償	(2) 本 利 平 均 攤 還
第　0　年	NT＄30,000,000	NT＄30,000,000
1	〈1,500,000〉	〈6,929,243〉
2	〈1,500,000〉	〈6,929,243〉
3	〈1,500,000〉	〈6,929,243〉
4	〈1,500,000〉	〈6,929,243〉
5	〈31,500,000〉	〈6,929,243〉

上例中，(1)為本金新臺幣三千萬元，年息5％，每年付息一次，期間五年，期滿本金一次清償的債務；債務(2)的本金、利率、期間等皆與債務(1)相同，唯償還方式採取的是本利平均攤還。〈 〉數字表示到期需履行的債務。

上表中兩種方式的債務，在將來的資金流程上產生很大的差別，很難從表面上判斷二者是否等價。假如先分別計算出二者的現值來，再加以比較，就能確認二者的價值是否相等。

$$債務(1)之現值=\frac{NT\$1,500,000}{1+0.05}+\frac{NT\$1,500,000}{(1+0.05)^2}+\frac{NT\$1,500,000}{(1+0.05)^3}$$
$$+\frac{NT\$1,500,000}{(1+0.05)^4}+\frac{NT\$31,500,000}{(1+0.05)^5}$$

$$= NT\$\,30,000,000$$

債務 (2) 之現值 $= \dfrac{NT\$\,6,929,243}{1+0.05} + \dfrac{NT\$\,6,929,243}{(1+0.05)^2} + \dfrac{NT\$\,6,929,243}{(1+0.05)^3}$

$$+ \dfrac{NT\$\,6,929,243}{(1+0.05)^4} + \dfrac{NT\$\,6,929,243}{(1+0.05)^5}$$

$$= NT\$\,30,000,000$$

上述兩種不同淸償方式的債務，經過計算後得知是等價的。

　　再假設另有方式 (3) 的債務爲本金一百萬美元，年息 10%，每年付息一次，期間五年，期滿本金一次淸償（如下表所示）。

第 0 年	US$ 1,000,000
1	〈100,000〉
2	〈100,000〉
3	〈100,000〉
4	〈100,000〉
5	〈1,100,000〉

那麼，債務 (1) 或債務 (2) 與債務 (3) 是否等價，有無交換可能？

債務 (3) 之現值 $= \dfrac{US\$\,100,000}{1+0.1} + \dfrac{US\$\,100,000}{(1+0.1)^2} + \dfrac{US\$\,100,000}{(1+0.1)^3}$

$$+ \dfrac{US\$\,100,000}{(1+0.1)^4} + \dfrac{US\$\,1,100,000}{(1+0.1)^5}$$

$$= US\$\,1,000,000$$

　　假如美元兌新臺幣的卽期滙率爲 1:30，那麼債務 (1)，債務 (2) 與債務 (3) 的現值均相等，債務 (1) 與債務 (3)，或債務 (2) 與債務 (3) 之間，均有貨幣交換的可能。

　　由以上的舉例可知，現值的計算在交換交易裏是十分重要的。

二、內在報酬率

資金的成本是利率，利率在交換價格中是最重要的因素，交換交易的最主要利益是減低資金成本（或增加收益），此為交換產生的最主要原因。因此，在判斷兩種債務（或債權）是否有交換的可能時，首先要進行的工作是計算出這兩種債務（或債權）的資金流程中所隱藏的利率（資金成本）是多少，此即為內在報酬率（Internal Rate of Return，簡稱 IRR）。

表五列示出來三種債務償還的方式，方式（1）為本金到期一次償還，方式（2）為本利平均攤還，方式（3）亦為本金到期一次償還。方式（1）及（2）為新臺幣債務，（3）則為美元債務。這三種債務的成本是多少？新臺幣債務與美元債務是否有交換的可能？財務人員在衡量時首先從計算 IRR 著手；（設 IRR 為 x_1, x_2, x_3）

表五　新臺幣與美元的債務償還

第0年	(1) NT\$ 30,000,000	(2) NT\$ 30,000,000	(3) US\$ 1,000,000
1	1,500,000	6,929,243	100,000
2	1,500,000	6,929,243	100,000
3	1,500,000	6,929,243	100,000
4	1,500,000	6,929,243	100,000
5	31,500,000	6,929,243	1,100,000

$$債務 (1)\quad NT\$\,30,000,000 = \frac{NT\$\,1,500,000}{1+x_1} + \frac{NT\$\,1,500,000}{(1+x_1)^2}$$

$$+\frac{NT\$\,1,500,000}{(1+x_1)^3} + \frac{NT\$\,1,500,000}{(1+x_1)^4}$$

$$+\frac{NT\$\,31,500,000}{(1+x_1)^5}$$

$$x_1 = 0.05(5\%)$$

債務 (2)　$NT\$\,30,000,000 = \dfrac{NT\$\,6,929,243}{1+x_2} + \dfrac{NT\$\,6,929,243}{(1+x_2)^2}$

$$+ \dfrac{NT\$\,6,929,243}{(1+x_2)^3} + \dfrac{NT\$\,6,929,243}{(1+x_2)^4}$$

$$+ \dfrac{NT\$\,6,929,243}{(1+x_2)^5}$$

$$x_2 = 0.05(5\%)$$

債務 (3)　$US\$\,1,000,000 = \dfrac{US\$\,100,000}{1+x_3} + \dfrac{US\$\,100,000}{(1+x_3)^2}$

$$+ \dfrac{US\$\,100,000}{(1+x_3)^3} + \dfrac{US\$\,100,000}{(1+x_3)^4}$$

$$+ \dfrac{US\$\,1,100,000}{(1+x_3)^5}$$

$$x_3 = 0.1(10\%)$$

　　債務 (1) 與債務 (2) 之 IRR 皆爲 5%，換言之，此二項債務不論爲本金到期一次償還或本利平均攤還何種方式，新臺幣的成本都是 5%。債務 (3) 之 IRR 爲 10%，表示使用美元的成本爲 10%。設市場上卽期滙率爲 1 (美元)：30(新臺幣)，而新臺幣利率一般行情爲 5%，美元利率一般行情爲 10%，則上述新臺幣債務與美元債務卽有交換可能。

　　假如某公司可以 10% 之利率借入美元，卻必須以 5.5% 的利率才能自市場借入新臺幣，則某公司改以交換方式間接取得新臺幣可以節省資金成本。或者，假如某公司可以 9.5% 的利率取得廉價美元資金，則上述交換交易爲該公司提供了一個獲得 10% 報酬的運用途徑。

三、其他影響交換價格的因素

　　基本上交換價格是根據利率（或 IRR）計算出來的，換言之，交換價格的「決定」因素是利率。交換交易建立在利率的基礎上，成爲經濟

主體財務處理，資金調度或風險規避的有效方式。與其他方式一樣，交換提供一項選擇，各經濟主體可視情況選擇對自己最有利的方式。經濟主體在決策的過程中需考慮各項因素，這些因素有些是確定的（已知的），有些是不確定的，而不確定的因素即成為風險來源，如滙率。決策者若根據不確定因素做決定，自然需承擔風險。決策者若能降低決策時不確定的因素，完全根據所有已知的情報，並在種種限制條件下做出最適決策，即是經濟主體的理性行為。交換在基本上即是一種經濟理性行為，不帶投機色彩。決策者選擇交換交易為處理方式時，是根據一些已知的因素，而排除掉滙率風險。

除利率決定交換價格外，其他尚有一些因素能「影響」交換價格，如：

1. 交換機會的供需情形：亦即交換市場的流動性。例如交換市場上一般來說，因固定利率資金的供給者較少，需求者較多，因此固定利率資金的提供者有較多的選擇機會，獲得較好的交換價格。又如，在日圓升值的情況下，市場上可能會增加遠期日圓的需求，減少遠期日圓的提供，以致影響到對日圓貨幣交換的價格。

2. 交換雙方的信用：交換交易的風險❸雖很小，但基本上仍須儘量免除。交換風險決定於交換對手的信用。信用等級較差的一方通常需付出較高的交換價格，作為交換對手承擔風險的補償。

3. 交換者的資金狀況：如交換交易的資金流程是否能與交換者的資金供需缺口配合等。

---

❸ 交換風險： 為交換契約提前終止時可能遭致的損失。 若交換契約提前中止，交換者即需重新安排一個財務計劃，此時交換者所面臨的是一個可能與交換當初不同的市場情況。 假如市場條件變壞， 交換者即可能發生損失。

4.　交換技術：如交換過程的複雜程度，法律、稅務及契約文件的處理是否繁瑣費時等。

5.　政府有關規定：理論上交換價格由利率決定，並受到交換機會多寡、交換對手信用及交換交易結構的影響。唯實務上，任何交易均受到政府有關規定的影響極大（如我國遠期外滙市場即受中央銀行外滙餘額計算方式的影響極大），交換交易所追求者是經濟上的淨效益，換言之，任何可能影響淨效益者，如稅負、外滙管理等之規定，都對交換的價格發生影響。政府的管制是市場扭曲或不公平競爭的主因，愈是健全有效的市場，交換價格愈接近利率差距，而愈是扭曲的市場，交換價格愈偏離利率差距，甚或根本沒有交換交易。

任何型態的交換交易均以利率為計價基礎，換言之，利率是交換價格的決定因素。因為歐洲市場（Euro-market）是最大的金融市場，因此在眾多的市場利率中，LIBOR（尤其是六月期 LIBOR）成為中心利率，不論利率交換或貨幣交換通常都與六月期 LIBOR 相連。未直接與六月期 LIBOR 交換之交換交易，其價格通常亦都透過六月期 LIBOR 交叉（Cross）計算得之。

第二節　貨幣交換價格的決定

一、利率平價理論

貨幣交換是一定期間內異種通貨的互換。不同於利率交換的是，在貨幣交換時，本金在期初與期末均互相交換。在期初本金交換時，交換價格通常為即期滙率(Spot Rate)，而至期末本金交換時，交換價格如何決定？試舉A公司為例，假設A公司與X銀行之間貨幣交換的情形如圖：

①期初交換

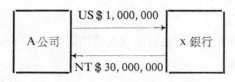

```
                    US＄1,000,000
        ┌─────┐   ─────────────→   ┌─────┐
        │ A公司 │                    │ x 銀行│
        └─────┘   ←─────────────   └─────┘
                    NT＄30,000,000
```

註: Spot Rate 爲 1:30

　　A公司以一百萬美元與X銀行交換三千萬新臺幣，期限五年。當時即期滙率爲 1:30，美金利率爲年息 10%，新臺幣利率爲年息 5 %。

　　A公司之一百萬美元的成本爲年利率10%，因此五年後相當於

　　　　US＄1,610,510→US＄1,000,000×(1+0.1)^5

而X銀行之三千萬新臺幣的成本爲年利率 5 %，故五年後相當於

　　　　NT＄38,288,447→NT＄30,000,000×(1+0.05)^5

五年後之交換情形爲:

②期末交換

```
                    US＄1,610,510
        ┌─────┐   ←─────────────   ┌─────┐
        │ A公司 │                    │ x 銀行│
        └─────┘   ─────────────→   └─────┘
                    NT＄38,288,447
```

圖十二

　　A公司與X銀行期末以 US＄1,610,510 與 NT＄38,288,447 互相交換，若以滙率關係來看，卽是 1:23.7741，較美元卽期滙率 (1:30) 爲低，稱爲「美元貼水―新臺幣升水 Dollar Discount―NT＄Premium」❹。

―――――――――――

❹　大多數國家均採用直接報價法（卽 1 外幣等於多少本國貨幣的報價方法，又稱爲價格報價法），我國亦是，因此外幣貼水本國貨幣升水時，卽簡稱爲貼水，指外幣的遠期滙率低於其卽期滙率；外幣升水本國貨幣貼水時，

A公司之美元與新臺幣的交換條件爲 1:30(期初) 與 1:23.7741(期末)，二者之差 6.2259(30－23.7741) 即爲交換價格， 又稱爲換滙滙率❺ 。換言之，A公司與X銀行間之貨幣交換價格爲貼水 (Discount)6.2259，或其換滙滙率爲貼水 6.2259。

　　同樣方法我們可以計算出一年期、二年期、三年期，及四年期貨幣交換的換滙滙率，列於下表（表六）。

(續)簡稱爲升水，指外幣的遠期滙率高於其即期滙率（如圖十三）。

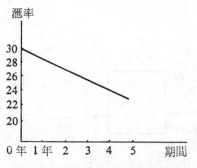

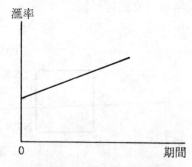

註： 美元利率 (10%) ＞ 新臺幣利率
　　（5%）時，換滙滙率爲美元貼水。

註： 若美元利率＜新臺幣利率，
　　則換滙滙率轉爲美元升水。

圖十三　換滙滙率

❺　換滙滙率與即期滙率或遠期滙率雖同稱爲「滙率」然性質上有很大差異。即期滙率是即期外滙「買賣」的價格，遠期滙率是遠期外滙「買賣」的價格，換滙滙率却只是貨幣「交換」的價格。貨幣交換與貨幣買賣當然相差極大。換滙滙率表示兩種貨幣交換的價格，亦可視爲一種貨幣不同交割日之買賣價格的「差價」（如本例之貨幣交換亦可視爲A公司賣出美元又在五年後買回，而換滙滙率卽A公司賣出與買回價格之差）。

表六　換滙滙率

	(1) 美 金 本 利 和	(2) 新臺幣本利和	(3)＝(2)÷(1) 滙率(1 美元)	(4)＝30－(3) 換 滙 滙 率 （貼水）
第 0 年	1,000,000	30,000,000	30(新臺幣)	
1	1,100,000	31,500,000	28.6364	1.3636
2	1,210,000	33,075,000	27.3347	2.6653
3	1,331,000	34,728,750	26.0922	3.9078
4	1,464,100	36,465,187	24.9062	5.0938
5	1,610,510	38,288,447	23.7741	6.2259

　　表六表示A公司在第0年進行美金與新臺幣的貨幣交換(1:30)，若交換期限爲一年，則A公司在一年後將以 1:28.6364 的價格換回，因換回的滙率（即遠期滙率＝28.6364）較原始交換的滙率（即即期滙率＝30）爲低，故爲貼水（貼水1.3636）。貼水的原因是美元利率（10%）較新臺幣利率（5 %）爲高，因此以美元交換新臺幣時，交換而持有(Swap In)美元者可以因而獲得較高的利息報酬；另一方面，交換而放棄（Swap Out）美元者亦損失了部份的利息報酬；因此，獲得美元利息者，應對因改持新臺幣而損失部分利息者的利息損失（即美元利息與新臺幣利息的差額）給予適當補償，補償的方式即爲在未來換回本金時收取較原始交換滙率爲低的價格，即貼水。換言之，利息差額（Interest Differential）或利率差距（Interest Rate Differential）應等於換滙滙率❻。

---

❻　換滙滙率基本上是依據利率差距決定，但並不一定完全相等。因爲資金成本除利息外，尚包括存款準備金，存款保險費、稅金等，所以除了 Euro-market 以外，其他市場上的換滙滙率並不會完全等於利率差距，然在

若利率差距與換滙滙率此二者不等呢？在一個健全有效的市場上，若二者不等，則經由套利行爲（Interest Arbitrage）會使二者趨等。假設上例中一年期換滙滙率不等於 1.3636，而是：

(1) 較 1.3636 爲低，設爲 1.2500，亦卽遠期滙率爲 28.7500（30－1.2500），A公司的資金流程如下所示（假設A公司 Swap out 美元，而 Swap in 新臺幣）

第 0 年（期初交換）

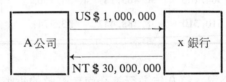

註：卽期滙率爲 1:30

第 1 年（期末交換）

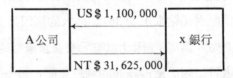

註：①遠期滙率爲 1:28.7500
　　②US＄1,000,000×(1＋10%)＝US＄1,100,000
　　③1,100,000×28.7500＝31,625,000

上述條件的貨幣交換是否會被A公司接受？首先A公司計算出 IRR。設 IRR＝x

$$NT\$30,000,000 \times (1+x) = NT\$31,625,000$$

$$x = 0.054(5.4\%)$$

(續)歐、美等國際市場上，因市場的自由度高，市場發展健全有效，因此經由市場機能的運作，換滙滙率幾等於利率差距。惟在一個有管制的市場上，換滙滙率通常被扭曲而偏離利率差距。

因此，在換滙滙率等於 1.2500 時，A公司計算出 IRR＝5.4%，A公司不願接受該筆交換交易。原因爲A公司因交換交易而取得之新臺幣資金成本（5.4%）高於市場利率（5%）。

(2) 較 1.3636 爲高，設爲 1.5000，亦即遠期滙率爲 28.5000(30－1.5000)，A公司的資金流程圖將是：

第 0 年

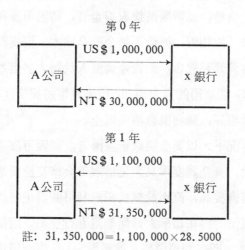

註：31,350,000＝1,100,000×28.5000

上述條件的貨幣交換是否會爲A公司接受?首先A公司計算出 IRR。設 IRR＝x

$$NT\$30,000,000 \times (1+x) = NT\$31,350,000$$

$$x = 0.045(4.5\%)$$

因此，在換滙滙率＝1.5000 時，A公司計算出 IRR＝4.5%，A公司樂於接受該筆交換交易。原因爲A公司因交換交易而取得之新臺幣資金成本（4.5%）低於市場利率（5%）。

以上是從A公司立場來看資金的成本是否會被接受，若從X銀行來看，則第(1)種情況下，X銀行樂於接受，第(2)種情況下，X銀行則不願接受。因此，不論是在第(1)或第(2)種情況下（即當換滙滙率不

等於市場資金成本時），交易都不會成功。此時，市場處在供需不均衡的情況下，假如市場是健全有效的，那麼透過市場機能的運作，價格將會調整。在上二例中資金供需將產生如此變化：

第 (1) 種情況下：以美金換取新臺幣者（如A公司），將因需付出較高的資金成本，而無意進行交易，如此一來，對方若欲增加交易成功機會，即需調整價格；以新臺幣換取美金者，將因可獲得較新臺幣市場利率爲高的報酬（或相對，減低了美金資金成本）而提高交易意願，若市場眞的存在這種套利機會，則資金調度人員將大量借取新臺幣以交換美元，如此一來，新臺幣的需求增加，市場利率將提高（即成本增加），直至成本與報酬相等，套利機會消失爲止。

第 (2) 種情況下：以美金換取新臺幣者，將因可獲廉價資金而增加交易意願，因此，資金調度人員大量借取美金來交換新臺幣，惟如此一來，美金成本將會提高，直至投機成爲無利可圖爲止；以新臺幣換取美金者，將因新臺幣的內在報酬太低而無意進行交易，因此，對方若欲提高交易成功機會，即需調整價格（換滙滙率），直至與市場利率水準相當，以新臺幣換取美金者不覺吃虧爲止。

在一個自由市場上，套利機會將迅速經由套利行爲而消除，換言之，在自由市場上，市場機能將很快的經由價格調整而使供需平衡，或由供需調整而使價格平衡。

由以上的舉例可知，在自由市場上，經由市場機能的運作，換滙滙率必將趨等於利率差距，此即爲利率平價理論 (Interest Rate Parity Theory)。而上述利用換滙滙率與利率差距不相等所爲的套利行爲，由於並不帶有滙率風險，因此稱爲無風險的套利行爲 (Covered Interest Rate Arbitrage)。惟在今日國際間行情如此緊密相連，金融已步上全球化的趨勢下，無風險的套利機會並不多見，換言之，在健全有效市場

上，換滙滙率趨等於利率差距。

　　因爲換滙滙率和利率差距之間存有如此密切的重要關係，因此熟悉換滙滙率與利率差距的換算十分重要。在以上 A 公司例中，美金年息爲 10%，新臺幣年息爲 5%，卽期滙率爲 1:30，換滙滙率之計算如下：

$$US\$\,1,000,000\times(1+10\%)=US\$\,1,100,000$$

$$NT\$\,30,000,000\times(1+5\%)=NT\$\,31,500,000$$

$$利率平價遠期滙率=\frac{31,500,000}{1,100,000}=28.6364$$

$$換滙滙率=30-28.6364=1.3636$$

　　因美元利率較高，故換滙滙率爲貼水（卽貼水 1.3636 或 D:1.3636 或 -1.3636）。

　　上述計算以文字表示如下：

$$利率平價遠期滙率=\frac{一年期新臺幣本利和}{一年期美金本利和}$$

$$=\frac{新臺幣本金\times(1+新臺幣利率)^{期間}}{美元本金\times(1+美元利率)^{期間}}$$

$$=\frac{新臺幣本金}{美元本金}\times\frac{(1+新臺幣利率)^{期間}}{(1+美元利率)^{期間}}$$

$$=卽期滙率\times\frac{(1+利率a)^{期間}}{(1+利率b)^{期間}}$$

$$利率平價遠期滙率=卽期滙率\times\frac{(1+利率a)^{期間}}{(1+利率b)^{期間}}$$

$$利率\,a=本國貨幣利率$$

$$利率\,b=外國貨幣利率$$

以上 A 公司例中一年期之換滙滙率爲貼水 1.3636， 二年期爲貼水 2.6653，三年期爲貼水 3.9078，四年期爲貼水 5.0938，五年期爲貼水 6.2259。計算如下：

一年期 $\quad 30 - \left[30 \times \dfrac{1+0.05}{1+0.1} \right] = 30 - 28.6364 = 1.3636$

二年期 $\quad 30 - \left[30 \times \dfrac{(1+0.05)^2}{(1+0.1)^2} \right] = 30 - 27.3347 = 2.6653$

三年期 $\quad 30 - \left[30 \times \dfrac{(1+0.05)^3}{(1+0.1)^3} \right] = 30 - 26.0922 = 3.9078$

四年期 $\quad 30 - \left[30 \times \dfrac{(1+0.05)^4}{(1+0.1)^4} \right] = 30 - 24.9062 = 5.0938$

五年期 $\quad 30 - \left[30 \times \dfrac{(1+0.05)^5}{(1+0.1)^5} \right] = 30 - 23.7741 = 6.2259$

上述換滙滙率是經由複利計算（利率平價遠期滙率）的方式計算而得，較爲準確，期間較長時需使用此種方式。至於在短期間（一般不超過 180 天）的換算上，上述公式通常更被簡化爲：

$$換滙滙率 = 即期滙率 \times 利率差距 \times \frac{天數}{360} ❼$$

以及 $\quad 利率差距 = \dfrac{換滙滙率}{即期滙率} \times \dfrac{360}{天數}$

在很短期間的換滙滙率與利率差距之互相換算上，上述公式因爲簡單，使用非常方便，惟上述公式僅是一近似值，期間愈長，誤差愈大。

二、各種貨幣交換的可能方式

表七中，(2)、(3)、(4) 三種方式的新臺幣資金，其現值或 IRR 均

---

❼ $\quad 換滙滙率 = 即期滙率 - \left[即期滙率 \times \dfrac{(1+利率a)^{期間}}{(1+利率b)^{期間}} \right]$

$$= \dfrac{即期滙率 \times (利率 b - 利率 a) \times \dfrac{天數}{360}}{1 + 利率 b \times \dfrac{天數}{360}} \quad （若期間不足一年）$$

$$\doteqdot 即期滙率 \times 利率差距 \times \dfrac{天數}{360}$$

表七　三種方式的貨幣交換交易

	(1)	(2)		(3)		(4)	
第 0 年	US$ 1,000,000	NT$ 30,000,000	(30)	NT$ 30,000,000	(30)	NT$ 30,000,000	(30)
1	100,000	1,500,000	(15)	6,929,243	(69.2924)	2,863,640	(28.6364)
2	100,000	1,500,000	(15)	6,929,243	(69.2924)	2,733,470	(27.3347)
3	100,000	1,500,000	(15)	6,929,243	(69.2924)	2,609,220	(26.0922)
4	100,000	1,500,000	(15)	6,929,243	(69.2924)	2,490,620	(24.9062)
5	1,100,000	31,500,000	(28.6364)	6,929,243	(6.2993)	26,151,510	(23.7741)
IRR	10%	5%		5%		5%	

（箭頭：丙 乙 甲）

註：①箭頭表示甲、乙、丙三種可能的貨幣交換交易。
②（ ）內數字為美金對新臺幣資金之折換率，是在美金與新臺幣資金皆為已知數後，計算出來的結果，即 $\frac{(2)}{(1)}$，$\frac{(3)}{(1)}$，或 $\frac{(4)}{(1)}$。折換率僅表示兩種貨幣之折換關係，與匯率不同，匯率是表示兩種貨幣的買賣價格。

相同，換言之，這三種資金的價值相同，惟資金流程（Cash Flow）不同而已。(2)、(3)、(4) 三種流程的新臺幣資金與資金 (1) 都可能做成貨幣交換交易。我們來注意一下美金和新臺幣之間的折換率。

交易甲——資金 (1) 與資金 (2) 的交換，及交易乙——資金 (1) 與資金 (3) 的交換，這兩個交換交易的第 1 至第 5 年之折換率顯然與市場上遠期滙率的行情相差極大；交易丙——資金 (1) 與資金 (4) 的交換，則是根據市場遠期滙率的行情。

貨幣交換用於資金調度（取得資金的來源）、財務處理（降低資金成本或增加資金收益）及風險分散（資產組合的管理，Portfolio Management）上是一項卓越的工具；貨幣交換通常是一項理性的選擇，也就是說，當決策人員決定進行「貨幣交換交易」時，是完全根據已知的情報做最有利的選擇，沒有滙率的預期，基本上，貨幣交換與其他外滙交易最大的不同亦在此——貨幣交換不是投機工具。這項特性在表七的各種交換方式之折換率中，充分表現出來。

第三節　利率交換價格的決定

一、各種利率交換的可能方式

利率交換是不同計息方式資金的交換。計息方式指利息計算的方式，如固定利率計息或變動利率計息。基本的利率交換型態即爲固定利率與變動利率資金的互換。市場利率依金融工具的不同而有許多種，如：倫敦銀行間放款利率(LIBOR)、商業本票❽ 利率、國庫券❾ 利率、

---

❽　商業本票（Commercial Paper, 簡稱 CP）爲發票人承諾在一定日期對執票人支付一定金額且無須擔保的短期票據，爲貨幣市場的重要短期信用

基本放款利率❿、聯邦資金利率⓫等。因為使用不同計息基礎的變動利率資金會產生不同的利率風險，因此變動利率資金間亦有交換可能（即Basis Swap）。利率交換一般指同種貨幣間不同計息方式資金的交換，惟異種通貨間亦可進行利率交換，此即為貨幣利率交換。一般的利率交換旣是同種貨幣間的交換，因此期初與期末本金的交換是不必要的，僅利息互換即可，而利息亦僅需就差額部份交換，即由應付利息較多之一方將差額部份支付予較少之一方即可（請參考第六章的舉例）。

　　利率交換時所依據的交換價格自然是市場上的利率行情。惟利率行情並無一定標準，在資金市場上交易的是「信用」，不同等級的信用即產生不同的價格，因此，信用評等是 AAA（最高信用等級）的公司與 BBB（中等信用等級）的公司，所獲得的價格即有差異。而這種信用不同所帶來的價格差異（或信用差異）（Credit Differential）在固定利率市場上較變動利率市場上尤其明顯，原因是，固定利率市場的流動性較低，資金供給者（貸款者或投資者）對資金需求者（借款者或票券發行者）的信用要求較為嚴格。在這種情形下，不同信用等級的資金需求者間的價格差異，在固定利率市場上較變動利率市場上為大，因此，以相對比較利益的觀點來看，信用評等較佳的一方在固定利率市場上具有相

（續）工具，其利率通常低於銀行短期放款利率，但高於貨幣市場其他信用工具之利率。

❾ 國庫券（Treasury Bill, 簡稱 T/B），為一國政府發行的短期本票，由於發行者信用優良，因此國庫券成為貨幣市場上最具銷售性的信用工具。Treasury Bill 在國際市場上，一般是指美國財政部發行的國庫券，分三個月、六個月、九個月及一年期四種。

❿ 基本放款利率（Prime Rate）為商業銀行對其認為信用最優良客戶短期放款所收取的利率，是銀行資金貸放的基準。

⓫ 聯邦資金利率（Federal Funds Rate），為美國聯邦資金市場上隔夜資金交易的利率，是貨幣市場的主要利率。

對的比較利益，而信用評等較差的一方在變動利率市場上具有相對的比較利益（亦即比較不利之程度較低）。這種因信用不等產生價格差異再造成之相對比較利益，就是基本利率交換——固定與變動利率交換——產生的原因。而利率交換的交換價格亦即交換參與者對「價格差異」的分配。

表八　利率交換

	甲　公　司	乙　公　司	二公司成本差異
信用等級	A A A	B B B	
固定利率成本	12%	13.5%	1.5%
變動利率成本	LIBOR＋20b. p. ⓬	LIBOR＋½%	30 b. p.
比較利益	固定利率	變動利率	

二公司成本差異欄：「價格差異」爲 1.2%

表八中，甲公司若以固定利率之方式舉債將比乙公司節省 1.5% 的資金成本，而若以變動利率方式舉債則僅較乙公司節省 30 基本點的成本，因此顯然的，甲公司的相對比較利益在固定利率的資金上。乙公司若以固定利率方式舉債，將比甲公司多付出 1.5% 的成本，而若以變動利率舉債，則僅多付出 30 基本點，因此，雖然乙公司不論是在固定利率或變動利率市場上舉債時，都較甲公司爲絕對不利，但在變動利率市場上不利的程度較低，換言之，乙公司的相對比較利益在變動利率價格上面。

甲公司的比較利益爲固定利率成本，乙公司則爲變動利率成本，若

⓬ b. p. 爲 basis point（基本點）的縮寫。基本點是萬分之一，亦即 0.0001 或0.01%。100 基本點等於一個百分點（100 basis point＝1%）。

甲公司需要的是變動利率，而乙公司需要的是固定利率，則甲、乙二公司以利率交換方式來滿足各自的需要，將比直接進入市場各取所需來得有利。計算如下：

> 總直接成本：甲公司（變動利率）＋乙公司（固定利率）
> $=$ LIBOR $+20$ b. p. $+13.5\%$
> $=$ LIBOR $+13.7\%$
> 總間接成本（使用利率交換）：甲公司（固定利率）＋乙公司（變動利率）
> $=12\%+$ LIBOR $+\frac{1}{2}\%$
> $=$ LIBOR $+12.5\%$

　　甲乙二公司若直接取得需要的資金共須付出 **LIBOR $+13.7\%$** 的總成本，若二公司以進行利率交換交易為前題，間接獲取需要的資金，則僅需付出 **LIBOR $+12.5\%$** 的總成本，顯見利率交換交易的利益。

　　上例中，經由利率交換，二公司可獲得總共 1.2% $(13.7\%-12.5\%)$ 的利益，這利益將如何分配予甲、乙二公司？換言之，甲、乙二公司的利率交換交易價格如何決定？

　　方式一：甲、乙二公司平分（均為 60 b. p.），如下圖所示。

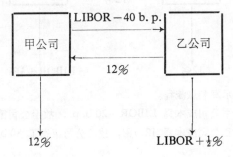

註：①箭頭所示為利息流程。
　　②交換後甲公司之成本為 **LIBOR -40 b. p.**，故甲公司節省了 **60 b. p.** 的成本。
　　③交換後乙公司之成本為 **12.9%**，亦節省了 **60 b. p.**。

方式二：甲公司分多（設 80 b. p.），乙公司分少（設 40 b. p.），
如下圖所示。

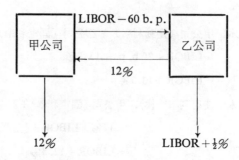

註：①箭頭所示爲利息流程。
②交換後甲公司成本爲 LIBOR－60 b. p.，故甲公司節省了 80 b. p.。
③交換後乙公司成本爲 13.1%，故亦節省了 40 b. p.。

方式三：甲公司分少（設 40 b. p.），乙公司分多（設 80 b. p.），
如下圖所示。

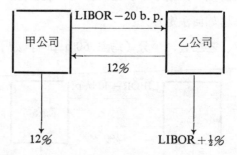

註：①箭頭所示爲利息流程。
②交換後甲公司成本爲 LIBOR－20 b. p.，故甲公司節省了 40 b. p.。
③交換後乙公司成本爲 12.7%，故乙公司節省了 80 b. p.。

　　由以上舉例可知，甲乙二公司利率交換的方式可能有很多種，至於
最後以何種方式成交，需視交換資金的供需，交換雙方的信用，交換交
易的結構，交換者本身的資金狀況，交換機會的多少，以及政府的有關

規定等情形而定。

　　上述例子是假設甲、乙二公司直接交換，惟實務上，交換交易多透過金融機構居間進行。由金融機構中介交換交易有二個好處：①以金融機構的信用來取代最後交換對手的信用；②有較多的交換機會。透過金融機構中介後之交換交易，交換者的交換對象即轉爲此中介金融機構，換言之，原先一個直接交換的交換交易若透過中介者爲之，即成爲兩個交換交易，如圖中所示的交易A與交易B。此圖中，甲、乙二公司之交換對手均爲X銀行。

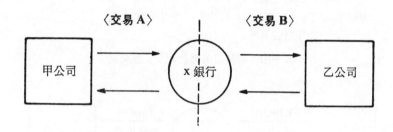

　　金融機構會成爲交換交易之中介者的原因有二：

　　(1) 金融機構是傳統上資金供需面的橋樑，較易接觸交換機會，或發掘潛在的交換機會。

　　(2) 金融機構較有能力提供信用，分擔交換風險。

　　交換者選擇經由中介者來進行交換的原因是 (1) 交換機會較多、較好；(2) 交換風險較低。

　　金融機構提供本身技術與信用促成交換交易，是交換市場迅速發展的主要原因之一，同時金融機構的此項金融服務亦爲金融機構獲取可觀的收入。金融機構這項業務的收費一般有兩種方式：(1) 手續費方式，(2) 差價方式，仍以表八例中的方式一爲例：

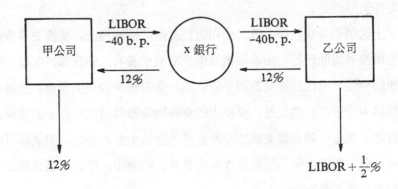

註: ①箭頭所示爲利息流程。

②交換後甲公司之成本爲 LIBOR－40 b. p.，甲公司節省 60 b. p.。

③交換後乙公司之成本爲 12.9%，節省 60 b. p.。

④ x 銀行之手續費另計。

圖十四　手續費另計的利率交換交易

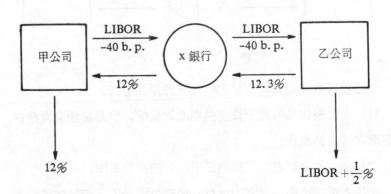

註: ①箭頭所示爲利息流程。

②交換後甲公司之成本爲 LIBOR－40 b. p.，甲公司節省 60 b. p.。

③交換後乙公司之成本爲 13.2%，乙公司節省 30 b. p.。

④ x 銀行獲得差價收入 30 b. p.。

圖十五　差價方式的利率交換交易

圖十五中Ｘ銀行與甲公司進行交換交易所產生的資金變化，將會被該銀行與乙公司之交易抵銷。圖十五中Ｘ銀行與甲公司交換交易後，收取 LIBOR-40 b. p.，隨即付予乙公司；Ｘ銀行雖同時需付12％予甲公司做為交換的條件，但Ｘ銀行卻從與乙公司之交換交易中取得12.3％，因此Ｘ銀行獲有差價（Spread）30 b. p.。當然，差價的多少可以有很多種情形，換言之，交換的價格不止一種，或者，交換的方式不止一種。

二、掛牌價格

在交換市場擴大，交換契約形式簡化後，利率交換交易逐漸亦如同其他金融市場上的工具，發展出掛牌交易來，例如Ｘ銀行在某日掛出如表九所示的利率交換牌價（為基本型態的固定利率與變動利率交換，變動利率的基準採用 LIBOR，固定利率採用美國中期國庫債券利率)❸：

表九 牌 價

到 期 日	差 價 (Spread)	到 期 日	差 價 (Spread)
2 年	50－35(b. p.)	5 年	70－55
3 年	60－45	7 年	55－40
4 年	70－55	10 年	50－35

---

❸ 美國中期國庫債券 (Treasury Note) 為美國政府發行的中期本票。美國政府為融通國家資金，而由財政部發行國庫證券 (Treasury Securities)，為國家債務。國庫證券依期間長短可分為：(1) 國庫券 (Treasury Bills T/B)，指不超過一年的短期債券；(2) 國庫中期債券 (Treasury Notes, T/Note)，指二至十年的中期債券；(3)國庫長期債券(Treasury Bonds, T/Bond)，指十年以上的長期債券。

表九中差價的大小卽表示市場做成者（Market Makers）⑭ 收入的多少，通常差價大小視市場供需及市場做成者本身的資金情形而定，通常小於 15 基本點。

根據 X 銀行的牌價表，可得下圖中所示 A、B 兩個四年期的交換價格：

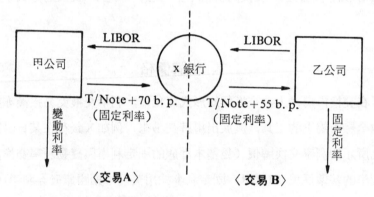

〈交易A〉　　　　　　〈交易 B〉

註：①箭頭所示爲利息流程。

　　②交易A表示甲公司有變動利率債務，打算交換成爲固定利率債務。

　　③交易B表示乙公司有固定利率債務，打算交換成爲變動利率債務。

　　④x 銀行若同時承做 A、B 兩個交換交易，則 x 銀行不用承擔任何交換部位，並可獲得 15 b. p. 的差價收入。

---

⑭　市場做成者卽交易機會的提供者，他們通常掛出牌價並承諾以掛牌價格成交。他們一般爲交易的中介者（不持有交換部位），但也可能卽是交換對手（持有交換部位），他們是市場流動性的主要提供者，因此他們成爲市場領導者（Market Leaders）。

第四章

交換的契約、風險管理、
會計處理及其他問題

第一節　交換契約

一、契約的重要性

一個交換交易的交換期間經常長達五年至十年，這麼長的期間中，很多情況可能發生而改變了原先交換所希望達成的經濟效果，如政府外滙管理法令的改變，稅法、會計準則或其他有關法令的改變等，以致交換失去原先的意義。或者，在交換期間中，交換的一方因某種原因，如破產，而不可能繼續履約。不論是契約提前中止，或當事人一方違約都將使交換者面對不可知的風險。這種風險的避免或減低是交換交易中需要注重的事情。交換風險的減低首重選擇一個信用良好的中介者，通常交換交易的中介者多由國際著名的大投資銀行或大投資公司擔任，原因之一卽是他們有承擔風險的能力。交換交易經由中介機構做成後，卽由中介金融機構的信用取代了最後交換者的信用。除選擇一信用良好的中介機構外，訂定一個完善的交換契約在減低交換風險上是非常重要的。交換契約中除載明交換雙方的權利義務外，並對可以提前解約的事由，一方違約時的損害賠償等情事均事前協議，以便雙方有所遵循。

二、契約文書的簡化

交換交易導源於背對背貸款（Back to Back Loan），背對背貸款是一種相互貸款，需訂立貸款契約。交換契約是以背對背貸款契約爲藍本發展出來的。

由於交換交易多需根據每一交換者的特殊需要而特別安排，因此早期交換交易的契約也都是特別設計的（Custom-drafted）。這種特別設

計的契約通常需要雙方當事人的律師及銀行家歷經數日、數週甚至數月之談判協商，詳細溝通與議定每一有關情況的細節處理辦法，以保護當事人。由於交換契約所需要的時間、精力和金錢的花費，使得交換交易的成本提高許多，減低了交換交易的經濟利益。於是標準化（或定型化）交換契約有實務上的必要，若契約在某些方面可以標準化，那麼契約的文書工作就能簡化了。如今簡化後的契約由原來的一般長達 25 頁左右，縮減到現在一般只有七、八頁左右了。

在交換市場上最大的市場領導者是花旗銀行。花旗銀行在交換交易的文書簡化工作上有很大的進展。花旗銀行將一般交換交易上普遍運用的專有名詞，一般的權利義務以及有關的法令規定等先製定成爲主契約（Master Agreement），做爲一般交換契約的基礎。當實際交換契約訂立時，再視實際交換契約的個別情形增加一些特殊的條款。如此一來，當實際上一個新的交換契約訂立時，經常只需要數日甚至數小時的時間就夠了。

隨着交換交易的增加與交換市場的擴大，交換契約的標準化與簡化愈形需要，爲了避免交換契約因簡化引起的誤解、混淆及爭執，一羣歐洲美元市場上主要國際銀行、證券公司的交易員成立了國際交換交易員協會（ISDA），從事交換契約的標準化工作，來簡化交換交易的文書工作。ISDA 成立後，許多美國、歐洲與日本等銀行的交換交易員加入，對於交換市場的發展貢獻很大。

ISDA 的第一個計劃是依美元利率交換的交易習慣，制定美元利率交換的交易規約。他們的成果是在一九八五年的夏季出版了第一版的「交換規約——標準用語、假設及條款（The Code of Standard Wording, Assumptions and Provisions for Swaps）」。交換交易的當事人在訂定交換契約時，可以引用它的全部條文，或者僅簡單指出合於那一條款

的規定（正如信用狀統一慣例的用法），然後再依據個別交易的特殊部分，如交換各當事人、各交換日期、交換金額等訂定其他條款，如此契約就完成了。

在 ISDA 之後 BBA (the British Bankers' Association, 英國銀行家協會）也研究發展與制定出來一些利率交換、貨幣交換及利率貨幣交換交易上的常用語和慣例。經由使用這些標準用語（被稱為 "BBAIRS" 用語），交換交易做成後甚至可以僅使用一頁的確認函電(Confirmation Telex) 來確認，交易就完成了。假如以上的標準用語和慣例能被國際銀行界普遍接受，那麼數千小時的契約文書工作與昂貴的律師費用即會被節省下來。

由原先需要 25 頁的契約文件發展到僅需一頁的確認函電，代表的意義是原先的交換契約是特別定製的契約 (Custom Documents)，交易較少，成本較貴；而如果簡單的確認函電被普遍接受，則表示交易增加，成本較低，競爭擴大。這對交換市場趨於成熟，有效率，或成為成熟、有效率的市場極有幫助。

ISDA 及 BBA 的標準用語，假設及慣例若被廣泛接受與普遍使用，那麼交換交易的證券化亦有可能實現，因為標準化或定型化的契約文件使契約很容易轉讓和再交易，類似證券。假如交換證券化，那麼到最後，一個國際交換交易所亦可能成立，交換交易即有可能如同其他的證券（股票、期貨、選擇權等）般在交易所中公開交易。

目前基礎的美元利率交換因交易多、市場流動性大，標準化或定型化的契約使用較廣，其餘的交換交易則標準化契約的使用尚不普遍。特別定製的交換契約可提供的大量彈性和適應性仍是標準化努力的最大阻力。不過，就像所有的國際金融交易一般，發展標準化契約形式是一種趨勢，金融交換也不例外。

三、契約的內容

交換契約除需確定各項交易要件如當事人、交換金額、幣別、日期、計息方式等之外,主要是訂明雙方的權利義務,如一方違約或契約提前終止時要如何處理。

在交換契約的前文中載明契約的當事人,契約簽訂的年月日等。有時也會提到該契約簽訂的目的。此外,交換契約的主要內容如下:

1. 金額、利率及付款日的約定。交換交易的本金有些是要交換的(如貨幣交換),有些是不交換的(如利率交換),需在契約中載明。交換價格是以利率爲基礎決定的,其利率或利率的依據❶需載明。交換契約中對於將來雙方的資金付款日常以另外列表的方式來訂明。資金的付款日必需是入帳地區的營業日,入帳的方式和帳戶以及原先約定付款日或爲非營業日時的遞延處理等都需載明❷。

2. 契約提前終止之約定。此爲交換契約中很重要的一部分,分爲(1)提前終止契約的理由,(2)解約通知及(3)損害賠償等三部分。

---

❶ 變動利率中最常被使用的是 LIBOR, 至於採用倫敦那些銀行(即參考銀行 Reference Bank),什麼時間的 LIBOR 報價亦需載明。當參考銀行之 LIBOR 無法獲得時的計息基準亦需載明。通常當 LIBOR 不可得時,即採用紐約銀行間貸款利率。

❷ ISDA 的交換規約中對於非營業日的處理有如下規定:
①若付款日(Payment Dates)爲非營業日時,遞延至次一營業日(若採用 LIBOR 時,營業日需包括紐約及倫敦兩地均爲銀行營業日,其他則指紐約的銀行營業日)。
②若期末日(Period End Dates)爲非營業日時,遞延至次一營業日。
③若計息日(Reset Dates)爲非營業日時,提前至前一營業日。
④若約定付款地方的銀行未營業時,遞延至該銀行開始營業的第一個營業日。

（1）提前終止契約的理由主要爲

①契約變成不合法：是指當環境改變，使契約的條件成爲不合法的情況。所謂不合法不僅指違反法令，還包括違反貨幣當局（中央銀行及財政部等）的行政指導或政策等。

②稅的課徵：通常是指預繳稅❸的課徵。交換交易是經濟面的財務處理，雙方應確保所交換的是稅後的金額，若因課稅問題的產生使交換的實質利益改變，則交換行爲失去存續的意義。因此，在交換契約存續期間，若發生稅的課徵問題，一般被視爲解約事由。

③一方違約或信用喪失：是指當事人的一方嚴重違反契約的規定，如違反支付的義務。或是信用喪失，如破產或對第三者之債務不履行等，他方得提前終止契約。

（2）解約通知

在提前終止契約的事由發生後，當事人之一應發出解約通知（Notice of Termination），做爲提前解約的條件。若提到終止契約是因一方違約，那麼未違約的一方（Non-defaulting Party）應爲通知人。在解約通知送達後的一定時間，雙方的權利義務同時終止，因違約產生的損失補償依契約規定辦理。

（3）損害賠償

損害賠償（Compensation on Termination）的方式因解約事由之不同而有不同處理。若提前解約是因一國法令（外滙管理的法令或稅法的規定）的變更，致使原交換契約之合法性受到破壞，或是產生了課稅負擔的問題，則此種解約事由不能認爲是當事人的責任。在此種提前解約的情形下，損害賠償的規定多是將損失（或利益）均分。若解約事由

---

❸　預繳稅（Withholding Tax）：是公司或機關團體在支付薪水、利息、投資報酬或紅利時，依法律規定預扣的稅捐，又稱爲源泉扣繳。

的發生是因為一方當事人違約，而未違約的一方因此受有損害，則違約的一方需負補償責任，但若未違約的一方因此獲得利益則亦無需將利益返還違約之一方。

3. 雙務契約的約定。交換契約是基於交換者雙方同時履行交換義務而成立，若一方當事人停止履約時，他方當事人可自動終止履約義務。

4. 費用的約定。是指安排和經紀費用(Arrangement and Inter-mediary Fees) 的支付方式。

5. 適用法律和裁判權的約定。交換交易經常是國際性的，因此契約中對於司法糾紛發生時，適用那一地的法令 (Governing Law) 及管轄權 (Jurisdiction) 應在契約中加以約定，若契約中無另外約定時，依 ISDA 的交換規約假設，當事人應依紐約州法(New York Law)規定，司法裁判地亦為紐約法庭。除紐約州法外，倫敦法 (London Law) 亦常被引用。

6. 付款金額計算的約定。包括計算代理人(Calculation Agent)，計算期間 (Calculation Periods)，固定利率及活動利率利息計算的公式，支付的基礎 (Payment Basis)，付款的時間 (Time of Payment) 以及付款的方式(Manner of Payment) 等都需載明。若契約中未約定時，依 ISDA 交換規約的假設，如付款方式採用同日資金 (Same Day Funds)❹，付款時間需在約定付款地點的當地時間下午二點以前，支付

---

❹ 同日資金(Same Day Funds)：指交易之結算是採當日清算(Same-day Settlement) 為基礎的資金。同日資金是藉助電子化資金調撥系統 (Electronic Funds Transfer System)，使資金可於調撥之當日清算與動用，當日清算可避免隔夜風險 (Overnight Exposure)，對國際日增之匯率風險與利率風險而言，當日清單乃一有效率之付款系統必備的要件。當日清算所採用之調撥系統主要為聯邦準備調撥系統 (FED WIRE) 及紐約交換所銀行資金調撥系統 (CHIPS)。

基礎採淨額付款（Net Payments）等。

交換契約的主要內容如上所述，實際交換契約除包括上述主要內容外，尚需視個別情形增添其內容，請參考第六章的舉例。

第二節　交換風險與風險管理

一、交換風險的性質與風險產生的原因

（一）交換風險的性質

交換是常用來減低風險的工具，但交換本身卻也有風險——即當交換的一方當事人不履行交換義務時，另一方所可能遭受的風險，此即交換風險（Swap Risk）。

由於交換市場迅速擴大，交換交易可能產生的風險亦被注意。除參與交換交易的各參與者（最後交換人及中介者）關心交換風險外，各國有關管理當局亦對此問題密切注意。

交換風險——不論風險來源或風險程度的分析，多是推想及假設，因為實務上違約（或提前終止契約）很少發生，而一般相信，違約即使發生也都傾向私下解決。這種秘而不宣的情況使得違約後果和損失情形缺少實際的例子，而使交換風險的分析趨於紙上談兵。另一方面，因為交換風險並不十分確定，亦引起各國有關管理當局在管理態度上的不一致。

一般認為當違約發生時，未違約的一方所遭遇的最壞情況，就是默默的承擔起所有損失，而未獲得任何補償（如同貸款發生呆帳時的最壞情況）。但是，這是否就是最大的損失呢？有一個違約的例子顯示出，這也許還不是最壞的情況。這個例子的對方是一個政府機關，當違約發

生時，利用國家豁免權 (Sovereign Immunity)❺ 而使得對方（未違約的一方）仍需繼續履行支付義務。因為有這個例子，所以嗣後交換契約中增加了條款，使具有國家豁免權特權的交換者放棄其特權。以此例子看來，實務上的經驗非常重要，很多防止風險的辦法都是從實際經驗中學來的。至今，交換風險的程度到底有多大，仍不十分確定。而此問題的研究主要是擔任中介的銀行在進行，因為絕大多數的交換交易是經由中介銀行做成的，中介銀行的信用取代了交換對手的信用，交換風險亦主要由中介銀行承擔。

（二）風險產生原因

交換契約為雙務契約，當一方不履行交換義務時，他方得提前終止契約。當交換契約因某種原因提前終止時，交換者將因此面臨新的資金調度情況並因此而產生損益，此即交換風險產生的原因。

交換風險係在提前終止契約時產生，提前終止契約的情況有二種，一由政府法令改變引起，如政府管制外滙或課稅；一由對方信用不佳引起，如對方違約或破產；前者為國家風險 (Country Risk)，後者為信用風險 (Credit Risk)。

二、交換風險的來源與程度

不同種類的交換，有不同來源和程度的風險。

（一）利率交換：當利率交換交易的一方當事人違約（或提前解約）時，他方當事人面對的風險，會因付息條件（固定利率付息者或變動利率付息者）而有所不同。如下圖中甲公司為固定利率付息者，乙公

❺　國家豁免權 (Sovereign Immunity)：傳統上，國家對訴訟或佔有資產具有豁免權。惟 1976 年美國之外國豁免權法案，限制對政府契約商業性質的豁免權，英國 1978 年的國家豁免法亦規定對借款契約沒有豁免權。

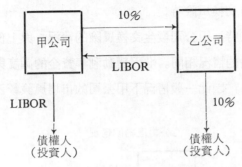

註：箭頭所示為利息流程

司為變動利率付息者。

1. 乙公司有交換風險時：

若甲公司違約，則乙公司發生交換風險。乙公司以變動利率（LIBOR）交換甲公司的固定利率（10%），當甲公司違約時，乙公司需另行設法籌措固定利率（10%）的利息來源，並需另行設法運用變動利率（LIBOR）的利息，乙公司此時最好的處置是另覓對手填補甲公司的空缺，換言之即另外再做成一個條件相同（但交換期間不同）的利率交換交易。惟乙公司如今所面對的是一個與當初不相同的市場，是否仍有交換的機會？既使仍有交換機會，利率行情是否已變？這種不確定的市場情況——市場風險（Market Risk）就是甲公司違約時，乙公司所面對的風險。

甲公司違約的情況

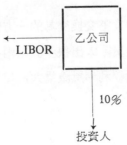

2. 甲公司有交換風險時：

當乙公司違約時，甲公司發生交換風險的情況，與上例甲公司違約乙公司有交換風險的情況相同。惟因變動利率資金的調度與固定利率資金的運用較爲容易，因此一般情況下甲公司的市場風險較乙公司爲小。

乙公司違約的情況

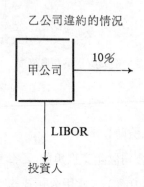

利率交換的交換風險將視利率變動情形（即市場情形）而定，如上例中，當利率上漲時，乙公司的市場風險（即交換風險）將較甲公司爲小，因爲當利率上漲時（如 12%），乙公司的固定利息支出（10%）成爲低利資金。反之，若利率下跌（如爲 8 ％），則乙公司的固定利息支出卽相對成爲高利資金了。一般說來，因取得固定利率資金的來源較少，固定利率資金市場的流動較小，因此，以變動利率交換固定利率的利率交換者（Floating-rate Payer）所面對的交換風險（市場風險）較大。

（二）貨幣交換：當貨幣交換交易的一方當事人違約時，他方當事人面對的風險較利率交換風險大出很多。原因有三：（1）貨幣交換的本金亦交換，（2）滙率風險較利率風險爲大，（3）貨幣交換市場較利率交換市場的流動性爲低。

①貨幣交換之期初交換本金 (initial payment)

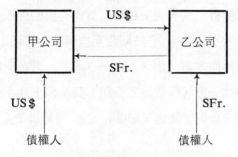

註：箭頭所示為本金流程

②貨幣交換期間之利息交換

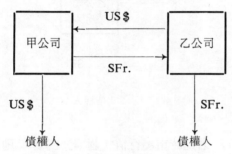

註：箭頭所示為利息流程

③貨幣交換之期滿本金換回 (final payment)

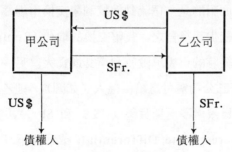

註：箭頭所示為本金流程

圖十六

　　因爲貨幣交換的本金亦交換（期滿再換回），以致貨幣交換違約時的風險除利率風險外，尚有滙率風險。貨幣交換的性質是交換開始時互換本金（如圖十六——①），交換期間互換利息（如圖十六——②），交換期滿時再互相換回本金（如圖十六——③）。若在交換期滿以前契約中止，則未違約的一方（假設爲乙公司）資金帳上產生一個遠期部位，乙公司重新面臨資金調度問題（如圖，乙公司可以美金購買 SFr.，用

甲公司違約情況

以償還原債權人），若此時市場行情（滙率）已變，則乙公司卽有損益（滙率變動損益）產生。滙率變動幅度通常較利率變動幅度爲大，因此貨幣交換的風險亦較大。若乙公司在甲公司違約時，欲另覓交換對手來填補，則乙公司面對的是一個流動性較利率交換市場爲小的貨幣交換市場，其成交機會較少，換言之，貨幣交換的取代（Replace）較不容易，以致貨幣交換違約時的市場風險較利率交換爲大。另一方面，在交換期間屆滿以前，若乙公司需付息給債權人（如圖），則乙公司尚面對利率風險，這種利率風險牽涉兩種貨幣（US $ 和 SFr.），因此該兩種貨幣之利率差距（Interest Rate Differential，或稱換滙滙率 Swap Rate）的變動卽是乙公司此期間的市場風險。

　　以上是以交換市場上最後交換者（The End Users）之角度來分析

甲公司違約情況

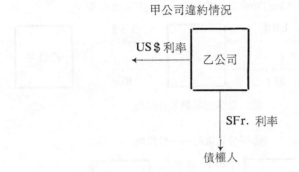

US＄利率　←　乙公司

SFr. 利率

債權人

交換風險。若是以交換的中介者（The Intermidiary）立場來看交換風險則稍有不同。圖十七①表示Ａ銀行中介成交之利率交換情形，在Ａ銀行的帳上，這是一個軋平的交換交易。若嗣後甲公司違約（如圖十七——②），則Ａ銀行的帳上，產生了交換部位。Ａ銀行因持有交換部位

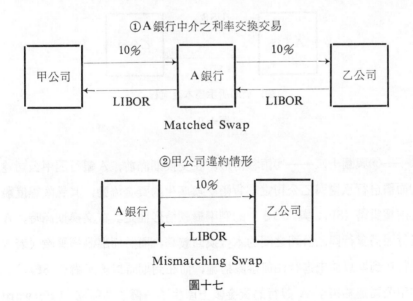

①Ａ銀行中介之利率交換交易

甲公司　— 10% →　Ａ銀行　— 10% →　乙公司

← LIBOR　← LIBOR

Matched Swap

②甲公司違約情形

Ａ銀行　— 10% →　乙公司

← LIBOR

Mismatching Swap

圖十七

而有利率風險。圖十八——①表示Ａ銀行中介成交之貨幣交換情形，在Ａ銀行的帳上資金完全軋平。若嗣後甲公司違約，則Ａ銀行面臨了圖十

①A銀行中介之貨幣交換——期初本金交換

註: 箭頭所示爲本金流程

②甲公司違約——付息時

註: 箭頭所示爲利息流程

③甲公司違約——期滿本金換回時

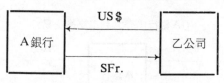

註: 箭頭所示爲本金流程

圖十八

八——②與圖十八——③兩種情形。在交換期滿前，A銀行因甲公司違約而需自行承擔與乙公司之間貨幣交換產生的資金流動，其風險程度視此兩種貨幣（SFr. 與 US＄）的利率變動情形而定。在交換期滿時，A銀行因需履行與乙公司之間的本金換回義務，而將面臨滙率風險（若A銀行在到期以前未進行任何避險措施，而在到期時以美元購買 SFr.）。在甲公司違約後，A銀行的資金帳上產生了一個遠期部位（Forward Position），A銀行可藉一些避險措施來避險，如反方向的換滙交易、遠期交易（Long-term Forward Agreement），外幣期貨（Futures）

或外幣選擇權（Options）交易等，但此時市場行情已變，A銀行不論採取何種避險措施都將面臨不同的利率或滙率風險。

三、交換風險的管理

經由幾個方面，可使交換風險減至最低：

1.慎選交換對手（最後交換者）。交換對手違約是交換風險產生的主要原因。交換對手是真正的交換者，因此從基本上選擇信用良好的交換對手可從基礎上減低信用風險。

2.慎選中介銀行。即以中介銀行的信用來取代交換對手的信用。一般說來，中介銀行的信用評等較高，選擇好的中介銀行不失為一較切合實際的辦法。

3.慎訂交換契約。一旦交換交易必須提前終止，則交換契約上是否載明雙方的權利義務，做為處理的依據，相當重要。交換契約上必須載明的事項有：一方違約他方得停止契約，及未違約者可主張損害賠償權利等。

4.儘量減少交換的金額。利率交換時不換本金，只換利息，而利息亦只以淨額部分（如固定利率利息與變動利率利息之差額）交換。貨幣交換雖需交換本金，但利息部分亦儘量只交換利率差額部分的利息即可。

5.所有的支付時點必須儘量相同。因為時區的關係，每個市場的營業時間不完全相同，為避免交割風險（Settlement Risk）❻，在資金支付時，盡可能與對方同時入帳。

---

❻　交割風險(Settlement Risk)：或稱結算風險，指因顧客或通滙銀行未辦
　　理交割所引致的損失。外滙交易最大的風險為此，若己方已付款而對方款
　　項尚未入帳時對方倒閉，則此損失很可能超出 100%。

6. 採取分散風險策略。分散交換對手以減低國家風險和信用風險。

7. 設定抵押品。做為對方違約時的損害賠償保證。

第三節　交換的會計處理與其他問題

一、交換的會計處理基本原則

交換是金融資產或負債的互換，互換需有一定的期間，期滿即恢復交換前的狀態，換言之，交換交易完成後只在一段期間（即交換期間）內有效，相對於其他大部分的交易行為而言，交換是暫時的經濟行為。因為交換交易的這種「暫時性」特性，以致交換交易是否一定要加以會計記錄與報表顯示，並無定論。有些經濟主體對交換交易根本不做任何會計處理；有些則平時不做會計處理，但在決算報表上以附註方式表示有交換交易；有些則對交換交易的發生，存續以及報表顯示等做完備的處理。一般而言，交換的會計處理並無準則，若交換交易在經濟主體的財務活動中影響很小，則不做任何會計處理亦不算不當，或只在決算報表上以附註表示即已恰當。而若交換交易需要會計處理時，其會計處理較一般會計複雜，尤其貨幣交換因涉及外幣會計更是如此。

交換的會計處理與一般會計處理最大不同之處是交換所發生的收入或費用應如何認定、如何計算、以及如何分攤等問題。此外貨幣交換的會計處理還牽涉到外滙部位的評價。除此之外，交換的會計處理與一般會計相同，因此一般會計處理的基本原則亦適用於交換交易的會計處理：

1. 永續原則（Going Concern）：一般會計的處理是以企業將繼續經營為原則的。交換交易的期間若跨越決算日，則在會計處理與報表

表現上均適用此原則；換言之，除非有確切的相反證明，否則，在決算時尚未滿期的交換交易不應被清算處理。

2. 權責基礎及收入費用配合原則（Accruals and Matching）：指收入或費用應在其確實發生時立予或才予承認，即使沒有現金的流動或已經發生現金的流動。同時，收入的承認應配合其相關的費用，換言之，為獲取該筆收入所發生的費用應與該筆收入配合並同時承認。根據此原則有些收入或費用需提前記錄（如應收收入，應付費用），有些則需延後（如預收收入或預付費用）。交換交易所發生的收入或費用亦需根據此原則互相配合，並分攤於交換期間中。

3. 一致原則（Consistency）：會計處理應維持前後一致的方法，使前後報表的表示可以連貫與一致，閱表人可以在相同的基礎上做比較。

4. 謹慎原則（Prudence）：謹慎原則或稱穩健原則、保守原則，指未實現的利益不予承認，已知的成本或費用應予承認。謹慎原則涉及判斷問題，在交換的會計處理上尤其需要每一個別交易的詳細相關情況資料來做判斷。

交換的會計處理除依據上述的一般會計處理原則外，尚需將交換的風險及風險的管理費用等適當的表現，以求完整的表示交換的經濟結果。資產負債表上亦應適當的顯示交換行為與其經濟效果。

假如金融機構以中介者的角色參與交換交易，則中介者的會計處理成為手續費收入的入帳問題。交換的中介收入有三種處理辦法：

1. 交換的中介收入在交換交易做成後即予入帳。

2. 交換的中介收入在實際現金收到後才予入帳。

3. 預估交換風險並將風險與中介收入配合分配在整個交換期間。

二、利率交換的會計處理

利率交換的會計處理較為簡單。利率交換不交換本金，只交換利息的差額。在會計處理上，對於這差額部份有兩種處理方法：

1. 視為營業外損益。

2. 視為應收或應付利息的一部分。

第一種處理方法因未能表示出實際的資金成本，故較少被採用。第二種方法因確實能表現出資金的實際成本，較常被採用。

茲舉例說明利率交換的會計處理：

假設A公司於一九八六年一月一日借入以六月期 LIBOR 計息的五百萬美元，期限五年（至一九九〇年底止）。B公司同日亦借入五百萬美元，年息10%，期限五年。A公司與B公司決定將債務互相交換，每半年付息一次（付息日為 6 月 30 日及 12 月 31 日）。A公司的利息計算及帳務處理情形如下：

(1) 一九八六年 1 月 1 日：交換成立，除訂定交換契約外，無任何會計紀錄。交換情形如圖十九①。

(2) 6 月 30 日：第 1 次付息日（假設六月期 LIBOR 為 9%）。

A公司計算應付利息如下：

a. $US \$ 5,000,000 \times 9\% \times \dfrac{6}{12}$

$= US \$ 225,000 \longleftarrow$ 原債款利息

b. $US \$ 5,000,000 \times 1\% \times \dfrac{6}{12}$

$= US \$ 25,000 \longleftarrow$ 利率交換的利息差額，應由A公司付予B公司（如圖②）

$US \$ 225,000 + 25,000 = US \$ 250,000 \longleftarrow$ A公司的應付利息總數

①

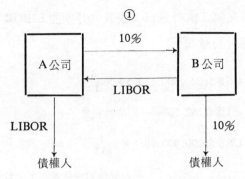

註: 箭頭所示為利息流程

②LIBOR＝9％ 時

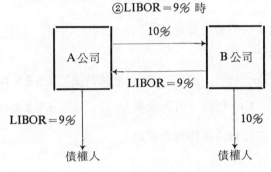

註: 箭頭所示為利息流程

③LIBOR＝10.5％ 時

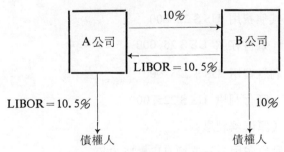

註: 箭頭所示為利息流程

圖十九　A公司與B公司的利率交換

(3) 12月31日：第 2 次付息日（假設六月期的 LIBOR 爲 10.5%）。
A公司計算應付利息如下：

a. $US\$5,000,000 \times 10.5\% \times \dfrac{6}{12}$

= US$ 262,500 ←——原債款利息

b. $US\$5,000,000 \times 0.5\% \times \dfrac{6}{12}$

= US$ 12,500 ←—— 利率交換的利息差額應由 B 公司付
予A公司（如圖③）

US$ 262,500 − 12,500 = US$ 250,000 ←——A公司的應付利息總數

A公司對以上事件的會計分錄如下：

(1) 1986 年 1 月 1 日

a. 借款時　Dr.（借）　銀行存款（存放銀行業）US$ 5,000,000

　　　　　　　Cr.（貸）　借入款項　　　　　US$ 5,000,000

b. 交換時　無分錄，謹作備忘紀錄。

(2)　6 月30日

第 1 法　利息費用　US$ 225,000

　　　　　　銀行存款　US$ 225,000

　　　　其他費用　US$ 25,000

　　　　　　銀行存款　US$ 25,000

第 2 法　利息費用　US$ 225,000

　　　　　　應付利息　US$ 225,000

　　　　（原債款利息）

　　　　利息費用——交換　US$ 25,000

　　　　　　應付利息　US$ 25,000

　　　　（利率交換的利息差額）

　　　　　　　應付利息　US＄250,000

　　　　　　　　銀行存款　US＄250,000

　　　　　　　（實際支付）

　　　　　　　（或　利息費用　US＄250,000

　　　　　　　　　　銀行存款　US＄250,000）

(3)　12月31日

　　　第1法　利息費用　US＄262,500

　　　　　　　　銀行存款　US＄262,500

　　　　　　　銀行存款　US＄12,500

　　　　　　　　其他收入　US＄12,500

　　　第2法　利息費用　US＄262,500

　　　　　　　　應付利息　US＄262,500

　　　　　　　應付利息　US＄12,500

　　　　　　　　利息費用——交換　US＄12,500

　　　　　　　應付利息　US＄250,000

　　　　　　　　銀行存款　US＄250,000

　　　　　　　（或　利息費用　US＄250,000

　　　　　　　　　　銀行存款　US＄250,000）

　　嗣後，一九八七年，一九八八年，一九八九年至一九九〇年爲止，每年六月三十日及十二月三十一日的兩次付息皆做相同的利息計算及會計處理。

　　在兩個付息日之中若遇決算日，則應做調整分錄如下：（設A公司之決算日爲每年之三月三十一日）

1986/3/31

　　　第1法　利息費用　US＄112,500

　　　　　　　　　應付利息　US＄112,500

　　　第2法　利息費用　US＄112,500

　　　　　　　　　應付利息　　US＄112,500

　　　　　　　　　利息費用──交換　US＄12,500

　　　　　　　　　應付利息　US＄12,500

　　　　　　　（或　利息費用　US＄125,000

　　　　　　　　　　　應付利息　US＄125,000）

　　在做過三月三十一日之調整分錄後，六月三十日A公司之付息分錄應為
（十二月三十一日之付息分錄則不變）：

　　　第1法　利息費用　US＄112,500

　　　　　　　　　應付利息　　　　112,500

　　　　　　　　　　銀行存款　US＄225,000

　　　　　　　　　其他費用　　US＄25,000

　　　　　　　　　　銀行存款　　US＄25,000

　　　第2法　利息費用　US＄112,500

　　　　　　　　　應付利息　US＄112,500

　　　　　　　　　利息費用──交換　US＄12,500

　　　　　　　　　應付利息　US＄12,500

　　　　　　　　　應付利息　US＄250,000

　　　　　　　　　銀行存款　US＄250,000

　　　　　　　（或　利息費用　US＄125,000

　　　　　　　　　　應付利息　US＄125,000

　　　　　　　　　　銀行存款　US＄250,000）

　　由以上A公司利率交換的例子中可以清楚看出，A公司在進行利率
交換交易以後，雖然在表面上每半年付予債權人的利息（即原債款利息）

是依LIBOR而定，但實際上A銀行所支付的利息已固定爲 US＄250,000

$\left($即 US＄5,000,000×10％×$\frac{1}{2}$$\right)$，換言之，A銀行已由變動利率的付息

者經由利率交換交易而轉變成固定利率的付息者，惟這種轉變僅是金融層面的轉變（資金流程的改變），在法律層面上，A公司仍然是變動利率付息者，故金融交換的效果是在經濟面而非法律面。

三、貨幣交換的會計處理

　　貨幣交換的會計處理較利率交換的會計處理複雜與困難許多，這是因爲貨幣交換需交換本金，而除本金的交換有原始（期初）互換與到期（期末）互換外，貨幣交換更因涉及外國貨幣而產生外滙部位如何評價的問題。外滙部位的評價並無定論，隨著評價方法之不同，會計處理亦有差異，這使得貨幣交換的會計處理愈顯複雜。

　　玆舉例說明貨幣交換的會計處理如下：

　　假設A公司於一九八六年一月一日發行年息10％的歐洲美元債券，期限五年，金額一億美元。B公司同日發行年息7％的日圓公司債券，期限五年，金額二百億日圓。利息均爲年付一次。二公司進行貨幣交換。交換過程如圖二十所示。

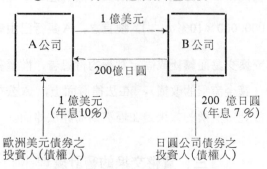

①1986年1月1日之原始本金互換

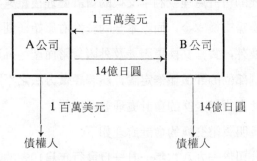

②1986年至1990年每年12月31日之利息互換

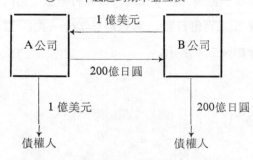

③1990年底之到期本金互換

圖二十　A公司與B公司的貨幣交換

以A公司為例，說明A公司發行債券及貨幣交換後的資金流程及會計分錄如下：

A公司發行美元債券及進行貨幣交換後之資金流程

日　期 ＼ 資金流程	美　　　元 收	美　　　元 付	日　　　圓 收	日　　　圓 付
1986年 1 月 1 日	1 億(債權人)	1 億(SWAP)	200億(SWAP)	
1986年12月31日	1 百萬(SWAP)	1 百萬(債權人)		14億(SWAP)
1987年12月31日	1 百萬(SWAP)	1 百萬(債權人)		14億(SWAP)
1988年12月31日	1 百萬(SWAP)	1 百萬(債權人)		14億(SWAP)
1989年12月31日	1 百萬(SWAP)	1 百萬(債權人)		14億(SWAP)
1990年12月31日	1 百萬(SWAP)	1 百萬(債權人)		14億(SWAP)
1990年12月31日	1 億(SWAP)	1 億(債權人)		200億(SWAP)

以下再將A公司有關貨幣交換所產生之資金流動單獨列示出來：

A公司貨幣交換的經濟效果

日　期 ＼ 資金流程	美　元	日　圓
1986年 1 月 1 日	(1億)	200億
1986年12月31日	1 百萬	(14億)
1987年12月31日	1 百萬	(14億)
1988年12月31日	1 百萬	(14億)
1989年12月31日	1 百萬	(14億)
1990年12月31日	1 億 1 百萬	(214億)

註：①（　）表示交換付出，未（　）則表示交換收入。
　　②1990年12月31日同時有本金與利息的收付，可合併。

A公司對以上債券發行及貨幣交換的會計分錄如下：

1. 1986年1月1日

  (1) 發行債券時

       Dr. 銀行存款　1億美元

          Cr. 公司債　　1億美元

  (2) 貨幣交換時

    ①交易做成分錄：

       Dr. 應收交換款　200億日圓

          Cr. 兌換　　　　200億日圓

       Dr. 兌換　　　　1億美元

          Cr. 應付交換款　1億美元

    ②即期部份外滙清算（即期初本金互換）之分錄：

       Dr. 銀行存款　　200億日圓

          Cr. 應收交換款　200億日圓

       Dr. 應付交換款　1億美元

          Cr. 銀行存款　　1億美元

    以上①②分錄亦可合併（即在交易做成時不做分錄，待進行期初本金互換時才做分錄）如下：

       Dr. 銀行存款　200億日圓

          Cr. 兌換　　　　200億日圓

       Dr. 兌換　　　　1億美元

          Cr. 銀行存款　1億美元

    ③遠期部份（即期末本金）之分錄：

       Dr. 期收款項　1億美元

          Cr. 兌換　　　1億美元

Dr. 兌換 200億日圓

Cr. 期付款項 200億日圓

若將上述分錄,過入丁字型帳戶(過帳),則帳務情形更加一目了然(銀行存款——美元,應收交換款,應付交換款,兌換——美元,兌換——日圓等科目皆已借貸互抵, 沒有餘額)。經由丁字型帳戶之餘額顯示,A公司雖有1億美元之法律債務,但實際公司所運用之資金卻爲200億日圓,交換交易所產生之經濟效果(不影響法律債務)非常明白可見。

公司債		銀行存款——日圓	
	1 億美元 (1986/1/1)	200億日圓 (1986/1/1)	

期收款項		期付款項	
1 億美元 (1986/1/1)			200億日圓 (1986/1/1)

2. 1986年,1987年,1988年,1989年及1990年各年之 12 月 31 日

(1) 計算利息

①付予歐洲美元債券投資人之美元利息

= US＄100,000,000×10％

= US＄1,000,000(可自B公司交換取得)

②因爲貨幣交換而需付予B公司之日圓利息

= ￥20,000,000,000×7％

= ￥1,400,000,000

(2) 會計分錄

① Dr. 利息費用 US＄1,000,000

Cr. 銀行存款　US＄1,000,000

（A銀行付息予歐洲美元債券之投資人）

② Dr. 銀行存款　US＄1,000,000

Cr. 兌換　　　　US＄1,000,000

Dr. 兌換　　　￥1,400,000,000

Cr. 銀行存款　￥1,400,000,000

（利息部份的貨幣交換）

上述分錄過帳後之情形如下：

同樣，經由以上帳戶餘額可清楚看出，A銀行在法律上之利息費用仍爲美元，但實際資金流程上所支出的是日圓。

3. 1990年12月31日

(1) 期末的貨幣交換

Dr. 銀行存款　1億美元

Cr. 期收款項　1億美元

Dr. 期付款項　200億日圓

Cr. 銀行存款　200億日圓

(2) 公司債到期兌償

Dr. 公司債　　　1 億美元

Cr. 銀行存款　　1 億美元

上述分錄過帳後情形如下

公司債	
1 億美元	1 億美元
(1990/12/31)	(1986/1/1)

銀行存款──日圓	
200億日圓	200億日圓
(1986/1/1)	(1990/12/31)

期收款項	
1 億美元	1 億美元
(1986/1/1)	(1990/12/31)

期付款項	
200億日圓	200億日圓
(1990/12/31)	(1986/1/1)

四、交換在資產負債表上的表示

（一）資產負債表的性質

　　會計處理雖以企業等經濟主體將繼續經營爲基本原則（永續原則），但爲提供投資者分配損益，貸款者衡量風險，稅捐機關計算稅捐及經營者管理經營等各方面之參考，必須有一個時間範圍，因此會計人員就必須在運轉不息的營業過程中，在時間上予以人爲劃分爲各個會計期間，作爲會計處理的段落，是爲決算日。以決算日爲基準所編製之各種會計報表，又稱爲決算報表。因此，會計處理有兩個重要部份，一爲債權債務或收入費用發生時的會計處理，是爲平時紀錄；另一爲決算日之會計處理，亦卽決算報表之編製。平時會計處理之主要目的卽爲儲備決算報表所需資料。至期末（會計期間結束）決算時，需先經調整程序，使符合會計處理上收入與費用配合原則及會計紀錄之權責基礎，以反映企業在決算日基礎上的眞實情況。至於會計報表主要爲表示財務狀況的資產負債表及表示經營結果的損益表。損益表與資產負債表因性質不同而分

開編製，但關係十分密切。因本期損益最後仍需轉入資產負債表中之淨值項下（即期末資本與期初資本的差額），以此角度來看，損益表只在詳細說明資本增加或減少（即本期純益或純損的產生）的原因，故可視爲資產負債表之附表。

（二）交換在資產負債表上的表示

由以上A公司利率交換與貨幣交換的平時會計紀錄可發現，結算後交換在資產負債表上不會自動表示出來，因此交換被稱爲資產負債表外（OBS）的業務。

1. A公司的利率交換例

在利率交換時，A公司不論使用第1法——將交換差額視爲其他收入或費用；或第2法——將交換差額視爲利息收入與費用的一部份，最後都將轉入本期損益項下而消失。

2. A公司的貨幣交換例

在貨幣交換時，A公司表示交換行爲的分錄科目如應收、應付交換款或期收、期付款項等，或僅爲臨時性科目不留存到下期，或僅爲或有資產與負債（Contingent Assest or Liability）科目，因此皆不會表現在資產負債表上。

由以上交換交易的平時與決算日的會計處理程序看來，交換的會計處理是顯示交換交易所致之結果而非交易的本身。

有鑒於交換交易屬於資產負債表外的業務，閱表人無法自表上窺其究竟，而交換交易的經濟面影響很大，決算報表上若不做適當揭露將不能充分正確的表現經濟主體的經濟活動，因此大部份會計人士主張應在資產負債表上以附註方式將交換行爲予以適當揭露。除此之外，因資產負債表外的業務已成爲八○年代以來國際金融業務的主流，各國貨幣管理當局注意到此一趨勢而日漸對此等業務加以關注，1986年3月G10在

Balse Conference 上的報告及 Bank of England 之有關報告均對 OBS 業務的可能風險（如信用風險、市場風險、交割風險及營運風險等）加以關注，並認爲 OBS 業務的可能風險應在資產負債表上適當表示出來。

五、貨幣交換產生的外滙評價問題

　　貨幣交換是兩種以上不同貨幣的互換，其中必然有一種以上的外國貨幣，因此在期末編製會計報表時，對於以各種不同貨幣單位記帳的科目就發生了如何合併編表的問題。此問題的內容可分爲幾個方面：

　　1. 選擇何種貨幣爲報表貨幣（Reporting Currency)？

　　2. 如何將他種貨幣折算成報表貨幣？

　　3. 折換的結果若有損益發生，損益如何處理？

上述問題簡而言之，即外滙部位的評價問題。

　　（一）報表貨幣的選擇

　　報表貨幣的選擇有數種方法：

　　1. 選擇企業登記所在國家之貨幣（The Legalistic Approach)。

　　2. 選擇企業主要經濟活動所使用的貨幣（The Business Transactional Approach)。

　　3. 選擇大多數股權擁有者國家的貨幣（The Ownership Approach)。

　　4. 選擇國際通用的清算貨幣或其他貨幣單位(The Central Cur-

---

❼　SDR: 爲 Special Drawing Rights（特別提款權）的簡寫。SDRs 爲國際貨幣基金(IMF)所創造的特別提款帳戶(Special Drawing Account)的帳上信用，亦是一種國際計帳的單位。SDRs 是在 1967 年 7 月於巴西里約基金理事會年會中決議建立，1969 年 7 月正式生效。SDRs 的價值在

rency Unit Approach)：如美元，SDR❼或 ECU❽等。

以上數種報表貨幣的選擇理論中，最常用者是第 1 與第 2 種。若政府對於報表貨幣定有法律規定，則需依據政府的規定來處理，如德國政府即規定報表貨幣需爲公司登記處所的當地貨幣（第 1 法）。至於政府沒有規定者，則一般依據會計慣例亦多採用母公司之本國貨幣爲報表貨幣。

（二）折算的方法

報表貨幣決定後，即需將各種外幣（非報表貨幣）折算成報表貨幣，以便編製財務報表。折算的方法有幾種：

1. 成本滙率（或稱歷史滙率 Historical Rate）法：成本滙率即交易行爲發生時的滙率。

2. 現時滙率（或稱市場滙率 Market Rate 或 Current Rate）法：現時滙率即決算時（或評價時）的公開市場滙率，有即期市場滙率與遠期市場滙率。

3. 成本與現時滙率孰低法：即當成本滙率低於市場滙率時，採取

（續）1970 年首次分配時，一單位 SDR 等於 0.888671 公克黃金或一美元，1974 年 7 月起 SDR 的價值改採一籃貨幣計算，初期籃內包含 16 個國家的通貨，1981 年 1 月起，縮減通貨組合爲 5 個國家的貨幣，即美國、西德、法國、日本及英國，亦即 SDR 的價值爲該 5 國通貨之加權平均值。

❽ ECU: 爲 European Currency Unit（歐洲通貨單位）的簡稱。ECU 導源於歐洲共同市場（EEC）的歐洲記帳單位（European Unit of Account, 簡稱 EUA）。EUA 是 EEC 在 1975 年 4 月仿照 IMF 的一籃通貨記帳單位 SDR 的方式所創造的記帳單位，1979 年 3 月歐洲貨幣制度（EMS）成立，將 EUA 重新命名爲 ECU 並擴大其功能。ECU 包含十種歐洲通貨，這十種歐洲通貨爲西德馬克、希臘幣、法國法郎、英鎊、荷蘭基爾德、義大利里拉、比利時法郎、盧森堡法郎、丹麥克羅那及愛爾蘭鎊。ECU 的價值隨這十種通貨每日價值的變動而變動。

成本滙率，否則即用市場滙率。

　　以上三種方法，各有其理，如第一種方法採用成本滙率爲評價基礎，十分客觀，因爲取得成本爲已發生的事實。第二種方法採用市場滙率爲評價基礎，最能表現實際狀況，因爲外滙市場在一般情況下十分有效率，經濟主體可隨時至市場上出售或購入外滙。第三種方法採用成本與現實滙率之較低者，表示對於外國貨幣升值時的利益不予承認，貶值時的損失則予承認，十分保守。

　　上述三種方法亦各有其不合理之處，如第一種方法採用成本滙率，當滙率波動劇烈且成爲一長期趨勢時，若仍按成本滙率評價，則外滙部位之實際價值難免不符合現況。第二種方法採市場滙率，則企業以外幣計值資產之帳面價值經常變動，若企業所擁有之外幣資產並非以變賣爲目的（如廠房等）者，則此帳面價值的變動並無意義，徒增困擾。第三種方法則過分保守，旣然滙率的變動不可逆料，就可能產生兌換損失亦可能產生兌換利益，若僅承認損失而否認利益，則當外幣資產的價值是朝向有利的一方變動（外幣升值）而最後實現時，實現時的兌換利益顯然並非全是當期利益，故如此處理顯然並不合理，何況有時用成本滙率有時用市場滙率，也使閱表者不知究竟採用何種滙率。

　　上述三種外幣折算（評價）的方法各有優缺點，並無定論，惟外滙評價關係企業財務報表的表現，對於閱表者有很大影響，故甚爲重要。美國財務會計準則委員會（FASB）於 1975 年公佈了「外幣交易及外幣財務報表折算之會計處理」準則，將財務報表中之外幣項目分成貨幣性與非貨幣性兩類。前者如現金、應收帳款、應付帳款等，需按市場滙率折算，其折算盈虧列爲當期損益。後者如存貨、廠房、機器設備等，則仍按成本滙率折算。1981 年該會再公佈「外幣折算」的準則，對上述外幣折算的方法部分修正。該次修正的外幣折算準則中，提出功能貨幣的

觀念❾，當以功能貨幣評價的外幣部位折算成報表貨幣時，其折算損益不必列入當期損益而做爲淨值項下的一個單獨項目。該項目需至國外投資出售或清算時，才做爲損益項目處理。

目前尚無任何一個主要國家對於貨幣交換（或換滙）定有詳細確定

---

❾ 美國財務會計準則委員會(Financial Accounting Standards Board)，簡稱爲 FASB。該會成立於1972年6月，爲美國財務會計原則制定機關。1975 年該會發佈第 8 號公報 (FASB Statement No. 8, Accounting for the Translation of Foreign Currency Transaction and Foreign Currency Financial Statements, 外幣交易及外幣財務報表折算之會計處理)，將財務報表中之外幣項目分成貨幣性和非貨幣性兩項。前者如現金、應收帳款、應付帳款等，需按現時滙率 (Current Rates) 折算，其折算盈虧應列爲當期損益。後者如存貨、廠房、機器設備等則仍以歷史滙率 (Historical Rates) 折算。第 8 號公報公佈後成爲外幣會計的處理準則。惟第 8 號公報亦引起相當強烈的爭議，因爲它使得美國各公司不得不將外幣資產或負債的未實現兌換損益（折算損益）列爲當期損益，而表現於當期之財務報表中，因此可能誤導了一般人對公司財務狀況的評價。1981 年，FASB 再發佈第 52 號公報 (FASB No. 52, Foreign Currency Translation, 外幣折算)，對上述第 8 號公報中引人爭議的部份加以修正。FAS-52 中最主要的是指出「功能貨幣（Functional Currency)」的觀念，允許美國公司可以用滙率變動是否對現金流量有直接影響來決定折算損益是否列入當期損益中。

所謂功能貨幣是指廠商在國外投資地創造淨現金流量之貨幣，可能是國外投資所在地的當地貨幣，也可能是母公司的當地國貨幣。若國外投資的營業活動相當自給自足並且與當地經濟活動融爲一體，則功能貨幣就是國外當地的貨幣，否則，若國外投資活動僅是母公司營業的延伸或不可分的一部分，則該國外投資的功能貨幣仍是母公司當地的貨幣。換言之，FAS-52 的功能貨幣折算法允許美國公司可以採用多種的貨幣衡量單位，而非單一的貨幣衡量單位來表示財務報表。雖然以功能貨幣衡量的財務報表仍需折算爲以母公司之本國貨幣爲報表貨幣的合併財務報表，但此種折算過程中所產生的折算損益，不必列入當期損益而做爲淨值項下的一個單獨項目。該項目需至國外投資出售或清算時，才做爲損益項目處理。FAS-52 發佈後即取代 FAS-8 成爲新的外幣會計處理準則。

的會計準則，做為貨幣交換交易涉及外幣評價時依循的標準。美國財務會計準則委員會之第 52 號公報建議，以遠期外滙交易的四種會計處理方式來處理貨幣交換。故以下先介紹此四種遠期外滙交易的會計處理方式。遠期外滙交易有四種型態：

1. 以投機滙率，賺取滙兌利益為目的之交易。

2. 為避免以外幣計價的淨資產或負債遭受滙率波動的損失為目的之交易。

3. 為避免外幣承諾（Foreign Currency Commitment）遭受滙率波動的損失所為之交易。

4. 為避免對國外機構之淨投資遭受滙率波動的損失所為之交易。

遠期外滙交易的會計處理隨遠期外滙交易的四種型態（或目的）而有差別，以投機為目的者，應依市場滙率（即遠期市場的現時遠期滙率 Current Forward Rate）來評價。而以避險為目的者（以上第 2 至第 4 種型態之遠期外滙交易），則以現時即期滙率(Current Spot Rate)與升貼水（Premium or Discount）之分期攤銷互相軋抵來評價。遠期滙率基本上是由銀行根據兩種貨幣的利息差價（Interest Differential）決定的❿，換言之，遠期滙率與即期滙率之差（即換滙滙率，若外幣的遠期滙率高於即期滙率稱為升水，反之則為貼水）即為利息的差價（若外幣的遠期滙率為升水，表示預付利息，貼水則為預收利息），這種利息的差價應於遠期契約存續期間內分期攤銷。

（三）折算損益的處理

---

❿　遠期外滙滙率之決定有兩種方式，一種依據遠期外滙供需決定，一種依據利息差價決定。國際市場上遠期外滙滙率基本上是根據利息差價計算出來的。惟在外滙管制下，遠期市場被扭曲，遠期外滙的供需可能極端不平衡，加以相關貨幣市場的未具備或不健全，遠期外滙拋補困難，這種情況下，銀行可能會依據遠期外滙的供需來決定遠期外滙滙率。

各種不同的外幣在期末編製合併報表時，必須折算成相同的貨幣（報表貨幣）才能供閱表人使用，在外幣折算時使用的折算基礎有成本滙率（歷史滙率）或市場滙率（現時滙率），前者因是成本，故折算後無折算損益產生，後者則因現時滙率已不同於成本滙率，故有折算損益產生（如果現時滙率恰與成本滙率相同則亦無折算損益）。折算損益有三種處理的方法：

1. 列爲當期損益：此法承認未實現的兌換損益。

2. 列爲淨值項下調整項目：此法雖計算兌換損益，承認遠期外滙之資產、負債帳面價值的變動，但因其並未實際發生，故不列入當期損益，而列爲淨值項下的調整項目。

3. 單獨處理：此法視遠期外滙帳面價值的變動爲或有資產或是或有負債 (Contingent Items)，不列入當期損益或淨值項下，而遞延至未來實際交易發生時，再做爲交易價格的調整項目。

對於不同型態遠期外滙的會計處理，可以簡單歸納如下：

1. 投機目的者：以現時遠期滙率折算並列入當期損益。

2. 一般避險目的者：以現時即期滙率與升貼水直線攤銷的方法來折算，並將兌換損益與攤銷的升貼水部份均列入當期損益（可互相抵銷）。

3. 爲承諾避險者：折算方法與第 2 法同，惟兌換損益與升貼水均遞延至實際交易發生時才作爲交易價格的調整項目。

4. 爲國外淨投資避險者：折算方法與第 2 法同，惟兌換損益與升貼水均列爲淨值項下調整項目。

以上爲遠期外滙的四種會計處理方式。至於交換交易的會計處理原則依其交易性質（或目的）之不同而有不同的處理方式：

1. 投機目的者：投機交換交易應與其他有風險之外滙交易部位

（如即期、遠期交易）一樣，以市場滙率（現時換滙滙率）來評價，並列入當期損益。

2.　避險目的者：避險交換交易與遠期外滙之避險交易相同，以現時即期滙率與升貼水直線攤銷的方法來評價，兌換損益及升貼水列爲當期損益或淨值項下調整項目。

3.　中介目的者：中介交換交易爲中介機構所進行之軋平的交換交易，中介機構對於這種交易所獲得之報償（手續費或利息差價）的會計處理有如下幾種：

（1）收入實現後始予入帳（現金基礎及保守原則）。

（2）交換交易做成卽予入帳（權責基礎）。

（3）將交換風險（Swap Risk）和收入配合（收入與費用配合原則）。卽將交換風險適當的量化❶，並將收入依信用風險的程度分攤在交換期間內。

---

❶ 交換風險的量化指實際計算出因交換交易所可能遭致之損失金額。交換風險將因交換契約的提前中止（或違約）而實現，在交換契約提前中止時所產生的一切額外支出或損失，或因重新安排交換交易（Replacement Swap）或其他補救措施而產生之淨費用卽爲交換風險，這些可能產生的費用或損失應與交換收入配合並在交換期間內分期攤銷。交換風險的量化未獲普遍認同，原因有二：

（1）如何估計契約提前終止的機率有多大？

（2）如何預測契約提前終止時的市場情形？

通常利率交換因風險很小，將風險量化並無實際需要；貨幣交換則因風險較大，故當對交換對手之信用有疑慮時，需適當的將風險揭露或予以量化處理。

第五章

換滙交易與換滙市場

第一節　換滙交易的意義

一、定　義

換滙交易 (Swap Transaction) 爲一段期間內兩種貨幣的交換 (To Exchange)。根據以上定義，換滙交易即是貨幣交換交易。旣如此，爲何又稱爲換滙交易並另外再加以解釋呢? 換滙交易是外滙市場上的重要交易，約佔全部外滙交易的 30 ％❶。但在外滙市場上換滙交易通常被定義爲: 同時買入及賣出等額的同一貨幣，惟交割日不同之外滙操作 (Two simultaneous, inseparable contracts—one purchase and one sale. The contract amounts are identical but the value dates differ)。例如，X銀行於一月一日買入一百萬美元，又於二月一日賣

---

❶ 根據紐約聯邦準備銀行 (Federal Reserve Bank of New York) 對於美國外滙市場交易調查報告指出 (From Summary of Results of U. S. Foreign Exchange Market Turnover Survey):

美國外滙市場上外滙交易的型態爲 (By Transaction Type):

	1986年 3 月	1983年 3 月	1977年 4 月
卽 期 交 易 (Spot Transactions)	63.2%	62.9%	55%
換 滙 交 易 (Swap Transactions)	29.8%	33%	40%
遠 期 交 易 (Forward Transactions)	4.7%	3.9%	5%
外幣期貨與選擇權交易 (Futures and Options)	2.3%	0.2%	

出一百萬美元，Ｘ銀行此一買入即期美元賣出遠期美元之外滙操作，即爲一換滙交易。惟買賣一種貨幣時必需以另外一種貨幣來支付，如Ｘ銀行在一月一日買入一百萬美元時付出三千萬新臺幣，在二月一日賣出一百萬美元時收入 NT＄29,876,230。因此，上述買入即期美元賣出遠期美元的外滙交易又可視爲美元和新臺幣的交換交易，如下圖所示。

①Ｘ銀行於一月一日買入一百萬美元，付出三千萬新臺幣

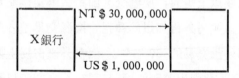

②Ｘ銀行於二月一日賣出一百萬元，收入 NT＄29,876,230

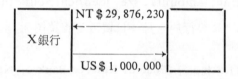

換滙交易旣然也是貨幣交換交易，那麼和一般的貨幣交換交易又有什麼不同呢？

1. 一般貨幣交換交易多爲長期債務交換（Debt Exchange），交換時間長達四、五年甚至十年以上。換滙交易的期間則通常不超過一年。一週以內的短期換滙尤其普遍。

2. 在金融證券化的國際趨勢下，新債券常以進行貨幣交換爲前題而發行，以減低債務成本。因此，貨幣交換與資本市場關係十分密切。換滙交易則是外滙市場上十分重要與普遍的外滙交易。貨幣交換因與資本籌集關係密切，因此證券公司與投資銀行是主要的中介者，而換滙交易的中介者則爲一般外滙市場上的經紀商。

3. 一般貨幣交換着重的基本觀念是「交換」，以求最大相對比較利益的發揮。換滙交易的基本觀點則偏重「買賣」，常爲遠期交易者用來規避滙率風險（彌補遠期外滙市場流動性不足的缺點）及財務人員調度短期資金的工具。

4. 不論在一般貨幣交換市場上或換滙市場上，金融機構都是重要的參與者。惟交換市場上金融機構不論其爲最後交換者或爲中介者，均很少持有交換部位，因此貨幣交換的次級市場幾乎不存在。換滙交易則普遍存在於銀行間市場的交易中，銀行經常持有換滙部位並可隨時提供換滙滙率的報價，換滙交易因此在銀行間交易中十分活潑。

5. 不論貨幣交換交易或換滙交易的主要目的都是財務處理、資金調度與風險規避，惟貨幣交換交易通常均爲理性的選擇，不帶投機色彩；而換滙交易則因銀行經常持有換滙部位且換滙交易頻繁、市場活潑，因此買賣之間亦部份爲投機性操作。

外滙市場上的換滙交易雖亦是一種貨幣交換交易，然而在性質與操作上，二者有顯着差別。因此，對資本市場上的交易者及操作者與對外滙市場上的交易者及操作者而言，同樣一字 SWAP 常有不同的理解。

換滙交易因爲是同時買賣一筆交割日不同的外滙，所以應是與同一對象爲之，此種操作方式稱爲純粹的換滙交易 (Pure Swap Transaction)。若與不同對象買賣，則稱爲操縱的或拼湊的換滙交易 (Engineered Swap Transaction)。拼湊的換滙交易是同時買入及賣出等額之同一貨幣，但分別進入即期市場與遠期市場爲之。換言之，拼湊的換滙交易是一個即期外滙交易加上一個抵消的（即買賣方向相反的）遠期外滙交易，拼湊成一個換滙交易。例如X銀行對甲賣出即期美元（收新臺幣），並同時自己買入等額遠期美元（付新臺幣），則該兩筆交易拼湊起來相當一個換滙交易。惟需注意的是，拼湊的換滙交易所適用的是即

期市場上的即期滙率與遠期市場上的遠期滙率，而純粹換滙交易所適用
的是換滙市場上的換滙滙率。同時進入即期市場與遠期市場上，分別買
入及賣出同額之一種貨幣，表面上看來產生換滙交易的效果，但實際上
分別在即期和遠期市場交易的結果，即期和遠期滙率之差不一定完全相
等於換滙滙率。因爲換滙市場上之換滙滙率決定於二種資金的利率差異
（亦即利率差異價格化結果），而即期滙率與遠期滙率則影響因素較爲
複雜❷，尤其是在有外滙管制的市場上，即期滙率與遠期滙率常被扭
曲，其差亦可能偏離利率差異。所以通常換滙交易是指純粹的換滙交易
而言，在我國外滙市場上更是如此。

二、換滙金額、換滙期間與換滙價格

簡單的說，換滙是一段期間內兩種貨幣的交換，這其中牽涉到交換
的金額（換滙金額）、交換的期間（換滙期間）與交換的價格（換滙滙
率）等。逐一說明如下：

（一）**換滙金額**：基本上，換滙交易是兩種貨幣的交換。從另一角
度來看，換滙交易是買入（或賣出）一種貨幣後一段期間再賣出（或買
回）。在我國換滙市場上成交之第一筆換滙交易的換滙金額爲一百萬美
元，亦即一百萬美元的買入和賣出（以新臺幣清算）。國際間大多數的
國家採用直接報價法來表示滙率，因此換滙交易或貨幣交換交易亦多採
用買賣（或交換）多少「外幣」（Foreign Currency）的方式來表示。
如換滙金額爲一百萬美元時，表示的意義即以本國貨幣（Local Cur-
rency）來交換一百萬美元。與外滙市場上的其他外滙交易一樣，換滙
交易亦以美元爲中心，換言之，換滙交易大多數爲買賣（或交換）多少

---

❷　請參考 135 頁遠期外滙滙率之決定方式。

美元的交易，美元以外其他幣別的交易則多經由美元間接完成，如新臺幣對馬克的交易，卽是先經由新臺幣對美元，再由美元對馬克的間接方式完成。

（二）**換滙期間**：　換滙期間卽買入與賣出的兩個交割日之間的時間。換滙交易之交割日可爲任何兩個營業日，亦卽買賣之交割日可以是卽期和卽期、卽期和遠期、或者遠期和遠期。換滙期間可以短至相隔一天，也可以長至相隔數年，惟國際上大多數外滙市場上的換滙交易期間不足一週。

1. 卽期對卽期的換滙交易（Day Swap）：　Day Swap 的換滙期間只有一天。又可分爲：（1）Overnight Swap：換滙期間爲今天至明天的換滙交易；（2）Tomorrow-Next Swap：　換滙期間爲明天（Tomorrow）至第二個營業日（卽 Spot）的換滙交易（From Tomorrow Till Spot），又稱爲轉期交易（Rollover）。（3）Spot-Next Swap：換滙期間爲第二個營業日至第三個營業日的換滙交易（From Spot Till Next Working Day）。交割日必須是營業日（Business Day 或 Working Day），所以「今天」指交易做成之日，「明天」指今天以後的第一個營業日，「第二個營業日」卽 Spot。另外一種短期換滙交易爲 Weekend Swap，指換滙期間爲週五至週一（From Friday to Monday）的換滙交易。

2. 卽期對遠期的換滙交易（Spot-Forward Swap）：指一筆爲卽期（Spot）交割日，另一筆爲遠期（Forward）交割日的換滙交易。換滙期間可分爲一週以內、一個月、三個月、六個月、九個月及一年等多種，但亦可是任何天數。

3. 遠期對遠期的換滙交易（Foward-Forward Swap）：指兩筆交易的交割日均爲超過兩個營業日以後的換滙交易。

　　（三）換滙價格：指兩種貨幣交換的價格，亦卽期初交換價格與期末交換價格之差。例如上例中Ｘ銀行在一月一日買入一百萬美元時付出新臺幣三千萬元，期初交換價格爲 1:30（美元：新臺幣）；在二月一日賣出一百萬美元時取得 NT＄29,876,230 期末交換價格爲 1:29.87623；換滙價格爲貼水 0.12377。期初交換價格通常採用卽期滙率，而期末交換價格如何計算？

　　「交換標的之價值至少應相等」爲交換交易能被交換雙方接受的基礎。Ｘ銀行在一月一日時，依卽期滙率的市場行情賣出一百萬美元（取得新臺幣三千萬元）並在二月一日時買回；換言之，Ｘ銀行以一百萬美元與某經濟主體（設爲Ｙ銀行）交換三千萬新臺幣使用一個月。Ｘ銀行暫時持有新臺幣一個月，Ｙ銀行暫時持有美元一個月，一個月後再互相換回美元與新臺幣。美元與新臺幣均各有其公開市場上的資金行情，換言之，各有各的資金價值（the Price of Money）。若交換時新臺幣市場的利率行情爲 5 ％，美元市場的利率行情爲 10％，則一個月後的新臺幣資金價值爲原來的 1.00417倍→$1+1\times5\%\times\frac{1}{12}$；一個月後的美元資金價值爲原來的 1.00833倍→$1+1\times10\%\times\frac{1}{12}$。 Ｘ銀行與Ｙ銀行的貨幣交換，在一月一日時若爲 1:30，則二月一日時卽變成 (1×1.00833)：$(30\times1.00417)=1.00833:30.1251=1:29.87623$， 亦卽在卽期滙率爲 1:30， 新臺幣利率爲 5 ％， 美元利率爲 10％ 的市場上， 一個月後 US＄1,008,330 等於 NT＄30,125,100 或者 US＄1,000,000 等於 NT＄29,876,230， 此卽爲美元與新臺幣的期末交換價格。 此例中，美元與新臺幣的期初交換價格爲 1:30，期末爲 1:29.87623，美元的期末價格（或遠期價格）低於期初價格（或卽期價格），二者之差（卽遠期與卽期價格之差）爲 0.12377。卽Ｘ銀行與Ｙ銀行之換滙價格（或換滙

滙率）爲貼水 0.12377。

上例之換滙滙率可以很簡單的以

$$換滙滙率＝即期滙率 \times 利率差距 \times \frac{天數}{360}$$

公式計算出近似值❸：

$$30 \times (10\% - 5\%) \times \frac{30}{360} = 0.125$$

在換滙市場進行換滙交易時，一般並不分別報出期初與期末價格（即即期與遠期滙率），只需報出換滙滙率即可，因爲即期滙率加上換滙滙率即爲期末交換價格（遠期滙率＝即期滙率－貼水或即期滙率＋升水）。換滙交易的價格旣已以即期滙率爲基準，那麼換滙交易在承做時需特別重視的即是換滙滙率爲升水、貼水或平價❹。一般所謂換滙價格或貨幣交換價格即指換滙滙率而言。

三、換滙交易之特性

換滙交易與即期交易、遠期交易雖同爲外滙市場上的重要交易，然換滙交易與即期交易、遠期交易的性質有極大差異。

1. 即期交易與遠期交易屬於買斷或賣斷的交易 (Outright Transaction)；換滙交易則本質上屬於交換的交易。

2. 每一筆即期與遠期交易必然產生新的外滙部位，換滙交易則不會創造外滙部位。

3. 即期與遠期交易因創造外滙部位故產生滙率風險，換滙交易則並無滙率風險，惟換滙交易因創造資金流動缺口故有利率風險。

---

❸ 請參考 88 頁換滙滙率。
❹ 升水又稱爲溢價 (Premium)，貼水又稱爲折價 (Discount)，平價 (Flat or par) 指遠期滙率與即期滙率相等，即換滙滙率爲零。

4. 卽期與遠期滙率是外國貨幣的買賣價格， 價格決定較爲主觀（受預期心理因素影響很大）；換滙滙率則是外國貨幣與本國貨幣的交換價格， 價格決定較爲客觀 （ 以兩種資金的運用成本或收益之差爲基礎）。

第二節　換滙交易的參與者及功能

一、換滙市場的參與者

換滙交易是外滙交易的一種， 換滙市場自然亦是外滙市場的一部分。換滙市場的參與者亦卽外滙市場上的參與者，有顧客、一般銀行、中央銀行，及經紀商，其中一般銀行是換滙市場的最主要參與者。

（一）顧客：在換滙市場上參與換滙交易的顧客多爲多國籍大企業或國際性機構組織。多國籍大企業因在多國設有子公司或附屬企業，因此擁有多種通貨的資產、負債，其母子公司或子公司彼此間的外滙調度經常採用換滙方式。國際性機構組織如世界銀行，其與其他國際性大公司間常因彼此對不同外幣的需求對象和供給來源不同，透過換滙交易常能使彼此獲利。

一般中小企業參與換滙交易者則並不普遍。因爲中小企業傳統上的利潤來源爲貿易所得（卽生產、銷售等實質貿易及技術服務等無形貿易所得），貿易行爲傳統上多採用抵銷性遠期外滙交易來消除貿易所得之外滙部位所產生的外滙風險。此外，中小企業在外滙市場上的信用評等不若國際性大企業或一般銀行，其能發揮的相對比較利益十分有限，卽使市場存在使用換滙交易謀利的機會，中小企業限於本身條件亦不易加以利用。惟八〇年代中期以來，由於滙率、利率的劇烈變動，中小企業

傳統上的利潤來源——貿易所得變得極不穩定，而財務損益（或金融性損益）的影響日顯重要。另一方面，國際金融環境明顯的在加快變遷，金融自由化與國際化造成的金融創新與金融整合使金融步上全球化之途，中小企業若要在如此一內外競爭劇烈的環境下生存發展，勢必須要根據比較利益原則做調整不可。

　　除母子公司間可能直接換滙外，一般顧客間的換滙交易多透過中介銀行爲之，因此換滙交易主要存在於顧客與銀行間及銀行相互間。

　　（二）一般銀行：外滙市場上大部份的交易是銀行間交易❺。國際上銀行間交易約有 1/3 是換滙交易。銀行間的換滙交易除一部份是爲軋平與顧客交易所產生的換滙部位外，銀行爲本身財務、風險規避或資金調度目的所進行之換滙交易十分普遍。

　　（三）中央銀行：中央銀行參與換滙市場之目的或爲干預滙率，或爲調節貨幣供給額，或爲提供某種通貨，惟中央銀行參與換滙市場情形並不普遍。

---

❺ 根據紐約聯邦準備銀行對於美國外滙市場交易調查報告指出(From Summary of Results of U. S. Foreign Exchange Market Turnover Survey Conducted in March 1986 by Federal Reserve Bank of New York)，美國外滙市場上之交易者 (by Counterparty) 爲：

	1986年 3 月	1983年 3 月
一般銀行 (Other Banks)	86.6%	87.4%
金融性顧客 (Financial Customers)	6.9%	6.1%
非金融性顧客 (Nonfinancial Customers)	4.6%	5.8%
期貨及選擇權交易所 (Organized Futures and Options Exchange)	1.9%	0.7%

（四）經紀商：換滙市場上的經紀商亦卽一般外滙市場上的外滙經紀人 (Foreign Exange Brokers)，指介於一般銀行間代治外滙買賣業務，提供成交機會及市場行情者。經紀人一般不為自己買賣，亦不中介顧客與銀行間之交易，其服務之代價為佣金或手續費 (Commission 或 Brokerage)。

二、換滙交易的功能

（一）*取得廉價資金*：在各個不同的市場上，有些銀行會因本身有較佳的信用評等，當地政府的補貼或法令的保護等，而較其他銀行在某種資金的取得上更為有利（如來源較為穩定、充足或利率較低），當這些具有某種資金比較利益的銀行需要他種資金時，卽可以換滙交易的方式同樣取得較為有利的條件。因為市場上換滙滙率是反映正常的利率水準，因此具有資金上比較利益的銀行可經由彼此交換資金而雙方獲利。

（二）*突破法令限制*：在有些有管制的國家之國內市場 (Local Market) 上，政府的法令規定形成不公平的競爭環境，於是直接借貸或為法令不許或為成本太高，換滙交易提供另一取得資金或降低成本的途徑。

（三）*消彌利率風險*：各種資金的進出常會產生不能配合的缺口 (Maturity Gap)，這些現金流量表上的缺口，將因利率變動而招致損益發生，為避免此種風險，常使用換滙交易來調整交割日，彌補缺口並消除風險。換滙交易在短期的財務處理及風險規避上使用普遍。

（四）*調整財務結構*：面對經常改變的市場情況，既有的財務結構也許會變得不理想，銀行或企業使用換滙交易可調整通貨組合，有效管理資產負債。

（五）*規避滙率風險*：換滙交易本身不創造外滙部位（換滙部位不

是外滙部位，請參考 p.48），但合併一個換滙交易及即期交易則可創造一個遠期部位。若是基於實質需要（如有遠期部位），則經由即期市場和換滙市場創造一抵銷性遠期部位，可用以彌補遠期市場流動性不足的缺點，以規避滙率風險。

（六）做為投機工具：換滙交易雖主要是用於資金調度、財務處理及風險規避，通常並不做為投機的工具，但換滙交易亦可以因操作技巧的運用而成為投機工具並創造利潤（或造成損失）。換滙交易可分別進行滙率或利率的投機：

1. 滙率投機：利用即期與換滙交易創造遠期部位，或遠期與換滙交易創造即期部位。換滙交易本身不產生外滙部位沒有滙率風險，但換滙交易若與即期或遠期交易同時進行，則可以創造外滙部位進行滙率投機。實務上，遠期交易 (Outright Forward Transaction) 並不十分普遍，所以換滙交易進行滙率投機多以創造遠期外滙部位（即同時進行換滙交易與即期交易）方式產生。例如A銀行預期即期滙率在半年以後升值到 26，目前市場情況是：即期滙率為 28，6 個月之換滙滙率為貼水 0.7（根據利率差距計算而來：美元利率為 5％，新臺幣利率為 10％，換滙滙率 $= 28 \times 5\% \times \dfrac{180}{360} = 0.7$）。A銀行決定進行兩個交易：

（1）換滙交易： 買即期賣遠期 （ 即期價格為 28 ， 遠期價格為 27.3）。

（2）即期交易：賣即期（滙價為 28）。

A銀行進行上述兩個交易後的結果是產生一遠期短部位 (Forward Short Position)❻，價格為27.3。若半年後，即期滙率果真升值到26，

---

❻　短部位: 外滙買賣的最後結果如果買入大於賣出，產生外滙長部位 (Long Position)，如果賣出大於買入，產生短部位 (Short Position)，如果買賣金額相等（軋平），就不產生外滙部位。

則Ａ銀行可自即期市場上以 26 的價位買入即期美元後，用以交割到期的遠期美元（賣出價為 27.3），每一美元可獲利 NT＄1.3。

2. 利率投機：滙率投機的方式是故意創造外滙部位，利率投機的方式則是故意創造換滙部位。換滙交易的基本功能是兩種通貨的交換使用，在交換期間內所有的資金運用都互相配合，成本收益都是計算好的。例如Ａ銀行承做了一筆六個月期的新臺幣放款，Ａ銀行自然可用六個月期的新臺幣借款來支應，惟若基於某些原因（如政府的法令或市場情況等）Ａ銀行無法取得六個月期的新臺幣借款或借款成本太高，以致Ａ銀行選擇借入美元換滙成新臺幣（即賣即期美元買遠期美元的換滙交易）的方式。此時Ａ銀行在完全沒有風險的情況下，應是借入六月期的美元，並進行六月期的換滙交易，如此資金帳上資金進出完全配合，所有資金不論是借入款（負債）或貸放款（資產），利率都已經固定，完全沒有風險，換言之，Ａ銀行的利潤已鎖住。

但假如Ａ銀行預期這六個月之內新臺幣利率會發生變動（其他條件不變），Ａ銀行願意承擔利率變動的風險賺取利率變動利潤（亦可能產生損失），則Ａ銀行可以數個期間不等的換滙交易來故意創造換滙部位，進行利率投機。在上例中，假設Ａ銀行預期一個月後新臺幣利率將下跌，因此Ａ銀行賣出即期美元後買入一月期的遠期美元，一個月後Ａ銀行再賣出即期美元（此時一月期的買入遠期美元已到期）買入五月期的遠期美元。Ａ銀行這兩個換滙交易在資金流程上產生的影響與上例（賣即期美元買六月期遠期美元）相同，惟成本不同。Ａ銀行如果預期正確，一個月後新臺幣利率真的下跌，則美元與新臺幣的利率差距將擴大（假設美元利率不變），換言之，一個月後的換滙滙率將對Ａ銀行有利，Ａ銀行在餘下的五個月期間裏將可獲得新臺幣利率下跌的額外利潤。

此Ａ銀行利用新臺幣貸放期間（為６個月），和換滙期間（一為１

個月另一爲 5 個月）的故意不一致，創造換滙部位來進行利率投機的換滙交易例子，本質上仍爲一基於資金需求而進行的實質性交易。A 銀行在完全沒有實質資金需求的情況下，亦可以利用兩個（或以上）期間不等，方向相反的換滙交易來做利率投機。例如 A 銀行預期一個月後美元利率將下跌，則目前可承做一個月期對更長期間的遠期對遠期換滙交易（如賣出一月期美元，買入六月期美元），俟一個月後，A 銀行再將剩餘的換滙部位以一抵銷性的換滙交易來軋平（即買入卽期美元，賣出五月期美元），如此 A 銀行的資金頭寸將不受到影響。若 A 銀行預期正確（美元利率眞的下跌，其他條件不變），則換滙滙率亦跟隨變動，A 銀行將可因此獲得利率變動的利潤（即第一個和第二個換滙滙率的差距）。

（七）賺取手續費：銀行若不是爲自己進行換滙交易，而是以中介者角色提供服務，則有手續費或差價等收入。

（八）進行無風險套利：若市場上利率差距不等於換滙滙率，則給予無風險套利（Covered Interest Rate Arbitrage）行爲發生的機會❼。

（九）中央銀行的金融工具：一國之中央銀行可使用換滙交易來間接干預其國內卽期滙率，或調節其國內貨幣供給額，或爲某種特殊目的提供資金。

1. 干預滙率：在沒有外滙管制的自由市場上，換滙滙率應等於利率平價，否則會經由銀行之無風險套利行爲而很快趨等。中央銀行可利用此一市場機能來達到干預滙率的目的。中央銀行可在市場上掛出不等於利率平價的換滙滙率，引起銀行間的套利行爲進而影響卽期外滙的供需和價格。例如在新臺幣利率較美元利率爲低（換滙滙率爲貼水）的情

---

❼　請參考第三章第二節。

況下，中央銀行若欲減輕新臺幣升值壓力，可掛出較利率平價貼水幅度為小之換滙滙率以吸引套利者承做「買卽期美元賣遠期美元（亦卽以新臺幣交換美元）」的換滙交易❽。中央銀行方面則爲「賣卽期美元買遠期美元（亦卽，以美元交換新臺幣）」之方式，同時中央銀行以取得之新臺幣在卽期市場上買入美元。中央銀行以換滙交易方式干預滙率是間接的，效果較不確定，實務上，一般中央銀行干預滙率多探取在卽期市場上買賣外滙的直接干預方式。

2. 調節貨幣供給額：中央銀行與其國內銀行間的換滙交易對其國內貨幣供給額發生影響，且影響兩次。中央銀行利用換滙交易可以在一段期間內增加或減少貨幣供給額，因此換滙交易可成爲中央銀行調節國內貨幣市場流動性的重要金融工具。如上例中央銀行以掛出較利率平價換滙滙率爲低的換滙滙率來吸引一般銀行承做買入卽期美元賣出遠期美元的換滙交易（中央銀行方面則爲賣出卽期美元，買入遠期美元），中

---

❽ 假設①目前市場行情爲：卽期滙率28、新臺幣利率 5 %、美元利率10%，換滙滙率貼水 0.7。

②中央銀行掛出之六月期換滙滙率爲貼水 0.6。

在目前市場行情上，等於利率平價之六月期換滙滙率應爲貼水

$$0.7 \rightarrow 28 \times (10\% - 5\%) \times \frac{180}{360}$$

中央銀行掛出之換滙滙率貼水幅度較小。其影響爲：

①在目前市場行情下（換滙滙率爲 0.7），套利者若借入新臺幣（利率爲 5 %）後承做一「買卽期美元賣遠期美元」之換滙交易，將新臺幣轉換成美元使用，美元之成本將爲 10%，與市場利率相同，無套利誘因。

②中央銀行掛出之六月期換滙滙率爲貼水 0.6，則套利者上述換滙交易的美元成本將爲

$$9.29\% \rightarrow 0.6 = 28 \times (x - 5\%) \times \frac{180}{360}$$

但市場利率爲10%，因此顯然的，套利者若將新臺幣轉換成美元使用有利（0.71%的利率差距）可圖。

央銀行會因此而自銀行體系吸收新臺幣，緊縮國內的貨幣供給額一段期間。上例中，中央銀行進行換滙交易的主要目的雖在干預滙率（不一定有效），但將附帶對貨幣供給額造成相當影響（而對貨幣供給額所造成的影響是否符合中央銀行的金融政策目標，還需要視情況而定）。

中央銀行與一般銀行間的換滙交易因會影響貨幣供給額，因此中央銀行可直接使用做為調節貨幣供給額的工具。如市場上發生本國貨幣流動性不足情況時，中央銀行可用「買入即期外滙賣出遠期外滙」的換滙交易來提供本國貨幣，反之亦可收縮。又因換滙交易是一買一賣惟交割日不同的外滙交易，因此其對貨幣供給額造成兩次效果完全相反的影響，這種特性使得換滙交易成為市場短期流動性不平衡時最好的調節工具。如德國及瑞士的中央銀行即經常使用換滙交易為工具，將本國貨幣注入銀行體系，或從銀行體系抽取過剩的本國貨幣。在該等國家，換滙交易成為其本國貨幣市場上的重要金融管理工具，與用於外滙市場上做為滙率干預的工具是不相同的。

3. 提供資金：中央銀行使用換滙交易為工具，來對國內一般銀行提供資金的方式，與其調節國內貨幣供給額的方式相似。例如民國68年2月初（我國外滙市場成立的初期），中央銀行即曾使用換滙交易的方式，來對本國銀行提供所需的外滙資金，對外商銀行則提供所需的新臺幣資金。又如韓國中央銀行和當地外商銀行間進行換滙交易亦旨在提供韓國境內之外商銀行所欠缺的韓圜。

（十）國際間穩定金融的工具：國際上許多國家中央銀行間亦常有換滙協議，如美國紐約聯邦準備銀行與14家外國中央銀行及國際清算銀行間之換滙協議，組成一個換滙網（Swap Net），目的在互相提供所需的外國貨幣，用以達成各自的貨幣政策目標（主要是為獲得干預貨幣用以干預外滙市場），惟實務上這些協議國家並不經常使用此一換滙額度。

第三節 我國的換滙市場

一、我國換滙市場的成立及發展

民國七十一年十二月全國金融業務檢討會中，華南銀行提議銀行間進行換滙交易。七十二年初中央銀行爲使各指定銀行逐漸熟悉遠期滙率依資金成本（利率）訂價之操作❾，同意指定銀行進行換滙交易。七十

---

❾ 民國 68 年 2 月 1 日外滙市場成立，當時新臺幣對美元之即期與遠期滙率都是由中央銀行與中央銀行指定之臺銀、中國、第一、華南、彰化等五家銀行的負責人會商議訂。69 年 3 月 3 日雖中央銀行退出該滙率議訂小組，但遠期滙率仍交由外滙交易中心（即上述五家銀行負責人組成）議訂。自外滙市場建立至 70 年 3 月 30 日止，美元遠期外滙之訂價主要依據美元與新臺幣之利率差價決定，因美元利率較高，故遠期滙率是以貼水掛牌，但一般工商界之預期心理認爲新臺幣有貶值趨勢，於是進口商紛預購遠期美元，造成供需嚴重失衡，爲反映此種情況，外滙交易中心在中央銀行同意下，對遠期美元之訂價改以遠期美元之供需爲訂價依據，美元遠期滙率遂由貼水改爲升水。70 年 8 月 12 日新臺幣對美元滙率果然貶值（由 36.24 貶爲 38）。71 年 9 月 1 日滙率制度有重大改變（詳見「我國外滙市場與滙率制度」，財團法人金融人員研究訓練中心出版），惟美元遠期滙率主要仍依美元供需爲調整指標。

這種根據遠期美元供需（而遠期美元供需又主要是對即期滙率之預期所致之結果）來訂價的美元遠期滙率制度因與銀行的資金成本脫節，基本上是不合理的，因此外滙市場上要求「遠期滙率市場化」（即由銀行依據本身資金成本自行訂價）的呼籲不斷。「遠期滙率市場化」是 71 年 12 月底全國金融業務檢討會議外滙組通過的建議之一，由華南銀行提出。當時財金當局對該建議認爲時機尚未成熟，仍以維持現狀爲宜，但此後中央銀行與外滙交易中心即著手研究修訂遠期滙率的合理訂價方法。72 年 1 月 14 日換滙交易開始，銀行即根據本身之資金成本來訂定換滙交易中的遠期滙率。73 年 5 月 9 日遠期外滙終於改由各銀行在一定範圍內依本身資金成本來訂價，這是遠期滙率的初步市場化，76 年 7 月 15 日開始，指定銀行可以完全依其資金成本自行訂定遠期滙率，理論上遠期滙率完全市場化。

換滙市場的建立與換滙交易的開展對遠期滙率制度的合理化影響很大，惟實務上遠期外滙市場仍因其他主客觀條件與環境的不健全與不合理而未能合理化。

二年一月十四日，漢華銀行與摩根銀行成交第一筆換滙交易，交易的情形是：漢華銀行買入卽期美元，賣出遠期美元，換滙滙率爲 Par（卽卽期買入與遠期賣出價格相同），換滙期間爲二個月，換滙金額爲一百萬美元。摩根銀行方面則是賣出一百萬卽期美元並以相同價格（Par）於二個月後買回。嗣後，銀行間換滙交易逐漸開展，銀行間換滙市場遂自然成立。多年來，換滙交易仍只在銀行間進行，公司企業與中央銀行皆未參與，因此我國換滙市場是一個銀行間的換滙市場。在七十六年七月十五日（該日中央銀行解除大部份的外滙管制）以前，中央銀行對遠期交易的限制十分嚴格，連帶的公司企業與銀行間的換滙交易亦無法進行，外滙管制解除後，公司企業的外滙操作空間擴大，換滙交易是值得認識與嘗試的工具及技術。

七十二年全年，銀行間換滙交易成交金額近二十億美元，佔全部銀行間外滙市場交易量之 18%，交易頗爲活潑。七十三年度全年換滙交易繼續活絡進行，全年交易量達 25 億美元，爲全部銀行間外滙市場交易量之 20%，較七十二年度成長 25%，成長快速。七十四年度全年換滙交易量達 36 億美元，爲全部銀行間外滙市場交易量之 23%，較七十三年度成長 44%。七十五年度換滙交易僅成交 24 億美元，佔全部銀行間外滙交易量之 7.2%，較七十四年度減少 33%。七十六年度成交 24 億美元，佔全部銀行間外滙交易量之 3.8%。

七十二年至七十六年我國銀行間換滙市場的成交情形與發展演進如下：

1. 在七十五年以前，換滙市場呈現快速的成長現象，交易活潑。

2. 在七十五年以前，換滙市場的成長比卽期市場快速，因此換滙交易量佔全部外滙交易量的比例增加。

3. 七十五年以後，換滙市場成交量減退。而卽期市場因新臺幣升

值壓力沉重，中央銀行強力干預的結果使成交量巨幅膨脹❿，因此換滙交易量佔全部外滙交易量的比例大幅下降。

　　4.換滙交易與銀行間準備部位關係密切。當銀行間銀根普遍皆緊或皆鬆時，換滙交易成交機會相對減少，當銀根不過分寬鬆或緊縮，且銀行間存在着鬆緊不一的情形時，換滙交易的成交機會大爲增加。

　　5.七十六年七月十五日，中央銀行修改外滙淨部位的計算方式，將因承做換滙交易而產生的即期外滙現金部位列計於外滙淨部位之計算中，受賣超三百萬額度之限制，上述規定使換滙市場幾近於停擺。

　　6.七十六年十月一日，上述規定取消，換滙交易恢復正常。

　　7.換滙交易的期間以六個月期、三個月期及一個月期爲多。

　　8.換滙交易的價格（換滙滙率）頗能反映利率差距，極少受其他因素影響。

　　9.換滙市場上，買入即期外滙賣出遠期外滙者多爲本國銀行，賣出即期外滙買入遠期外滙者多爲外國銀行，常形成本國銀行與外國銀行對做的現象。

　　10.換滙交易的承做在本國銀行方面較爲集中於少數幾家，在外國銀行方面則較爲分散。

二、我國換滙市場的特性

　　以換滙市場成立以後的交易情形來看，我國換滙市場呈現下述特性：

---

❿　根據中央銀行金融統計月報對銀行間外滙交易的統計，75年銀行間即期交易成交量較 74 年成長 115％，達 338 億美元，76 年銀行間即期交易成交量較 75 年成長 89％，達 640 億美元。上述銀行間即期交易成交量中含中央銀行的買賣數量。

1. 換滙市場是基於客觀環境有其需要而自然成立及發展的，此與即期、遠期市場之成立發展過程差別極大。

2. 換滙市場之參與者只有指定銀行，這和其他外滙市場又極爲不同。

3. 換滙交易之成交方式多爲銀行間自覓交易對象之直接交易。在外滙交易中心掛牌，經由其中介成交者較少。

4. 換滙交易之通貨多爲美金對新臺幣，其他有少量的馬克、英鎊及日圓等。

5. 換滙期間多爲即期對遠期，其他即期對即期或遠期對遠期者很少。

6. 換滙期間以一個月期至六個月期者爲多，短於一個月或長於六個月期者較少。

7. 換滙交易佔全部銀行間外滙交易之比例不高，與國際上銀行間交易情形比較，規模尚小。

8. 換滙交易之功能主要爲資金之交換；此外，因爲我國銀行間遠期市場幾乎不存在，換滙市場彌補了一部分銀行間遠期外滙部位拋補的需要。

9. 換滙交易的價格（換滙滙率）建立在所交換之兩種資金的成本上，極少受其他因素的擾亂，這項特性使換滙市場成爲我國外滙市場中最能發揮價格機能者。

10. 自第一筆換滙交易成交後，換滙市場即是我國外滙市場上最沒有人爲干預或管制的市場，換滙交易不論價格、額度或期間等都未受管理當局限制或干預，因此換滙市場也是外滙市場中最健全者（除七十六年七月十五日至九月三十日這段期間受到中央銀行有關外滙部位計算方式的干擾以外）。

三、我國銀行間換滙交易的影響及意義

我國銀行間換滙市場成立後，換滙交易對本國銀行與外商銀行產生不同程度的影響和具有不同程度的意義。

在本國銀行方面，傳統上本國銀行業務以新臺幣存放款業務爲主，換滙市場成立後，換滙交易餘額佔新臺幣存款或放款之比例皆不大（不及 5 ％），換言之，換滙交易除增加本國銀行資金運用與外滙操作的彈性外，對本國銀行業務型態的影響並不大。本國銀行在換滙市場上一般居於提供新臺幣資金的地位，而本國銀行由換滙交易取得之美金，則在新臺幣升值與貶值時有不同的使用方式。在七十二年至七十四年間，新臺幣大致呈貶值趨勢，本國銀行取得美元資金後，多用於存放國外同業、償還國外借款、減少國外透支或銀行間拆放等，促成國外負債減少或國外資產增加（國外淨資產增加）。在七十五年與七十六年間，新臺幣呈明顯升值趨勢，本國銀行取得美元資金後，多用於國內外幣放款或進出口墊款，顯示在新臺幣升值情形下，指定銀行因恐怕遭受滙率變動損失而不願自行持有外滙部位，因此本國銀行由換滙交易取得之美金成爲外滙營運資金的重要來源之一。

換滙市場成立後，一般來說雖對本國銀行的業務結構未產生重大影響，但對本國銀行資金調度的觀念與操作水準則有相當程度的意義。承做換滙交易需要對所交換的兩種通貨其相關貨幣市場之利率變化相當關注，且需對貨幣市場與外滙市場之間的相互影響相當敏感。傳統上本國銀行多將新臺幣資金和外滙資金分開調度，資金調度人員多僅熟悉相關的貨幣市場或外滙市場，這種情形已不足以應付現今的資金調度或財務處理上的需要。換滙市場的成立，擴展了不少外滙交易人員專業的知識與操作的領域。

換滙交易雖對本國銀行的業務型態影響不大，但對外商銀行卻影響甚大。本國銀行若不經由換滙交易仍可輕易經由其他途徑取得外滙資金，外商銀行則由於我國政府的種種規定無法隨意取得充分的新臺幣資金。在換滙市場成立以前，外商銀行最主要的新臺幣資金來源爲經由銀行間拆放或預售外滙外銷貸款方式。上述兩種方式前者受制於本國指定銀行，後者則受限於新臺幣滙率的走勢和額度的限制，均無法滿足外商銀行對新臺幣資金的需求。換滙市場成立後，因爲換滙市場較有效率，換滙期間不受限制，加以換滙方式取得之新臺幣資金成本較低等各項利益，使得換滙交易成爲外商銀行取得新臺幣資金的最主要方式。由外商銀行立場觀之，換滙交易的好處有：

1. 取得長期資金：72年8月起，外商銀行始獲准辦理六個月期以內的定期存款，在此之前，換滙交易是唯一取得「較長期」新臺幣資金的途徑。

2. 取得廉價資金：在換滙市場成立以前，銀行間拆放是外商銀行取得新臺幣資金的最主要方式，這種方式使外商銀行取得之新臺幣資金成本較高（本國銀行對外商銀行之新臺幣拆借常有加碼，又新臺幣拆借另有稅負成本）。

外商銀行取得新臺幣資金後，多用於放款，償還同業拆借或用於短期票券投資等，其中以新臺幣放款爲主。在七十二年以前，外商銀行之放款中，外幣放款約佔70%，七十二年換滙交易開展後，外商銀行可由換滙方式取得新臺幣資金並用於新臺幣放款，此舉使得外商銀行之放款業務不再大部份侷限於外幣放款。如以七十二年爲例，七十二年度外商銀行的新臺幣放款增加了60%以上，其佔全部放款的比率亦由30%左右增加到50%左右，可是換滙交易對外商銀行的放款結構有很大影響。對我國廠商來說，亦增加了可借資金。

　　指定銀行自換滙交易取得新臺幣資金後，理論上亦可用來購買卽期外滙從事滙率投機，唯實際上銀行（尤其以外商銀行爲然）對於外滙部位的風險管理一向嚴格，而以換滙交易和卽期交易同時進行之方式所從事的滙率投機（創造遠期外滙部位），因是對未來卽期滙率的投機，風險較大，實務上銀行很少如此。因此以我國換滙市場的實際成交情形來看，指定銀行進行換滙交易的動機，主要在於資金的互通有無（本國銀行藉換滙交易取得外滙資金並消化多餘的新臺幣，外商銀行則藉此取得不足之新臺幣資金）。

　　一般來說，換滙市場雖因：（1）新臺幣不對外流通，我國外滙市場侷限爲一地方性市場；（2）銀行間經營環境仍未立於公平競爭地位；及（3）本國銀行仍大多將新臺幣和外滙分開調度，對換滙交易之參與並不普遍積極等主客觀因素限制，而未能臻於十分健全，但換滙市場自成立以來，對我國整體金融市場頗具一些實質意義：

　　1. 換滙市場是自然成立及發展的，在無政府干預和管制下，發展最爲健全。

　　2. 換滙市場成長迅速，表示本國與外國資金的流通間有必要建立一正常的、有效率的管道。

　　3. 外商銀行取得新臺幣資金後主要用於放款，表示外商銀行做法積極，換滙交易亦因此對我國廠商較有正面意義。

第六章

案例研究

第一節　利率交換交易

一、基本型態的利率交換交易

（一）交換的機會與利益

A公司是一個位於芝加哥的新興公司，公司成立四年，公司資本額和規模都不算很大。A公司成立以來因產品優良及市場行銷技術卓越，故公司知名度和業績均扶搖直上，惟因公司歷史尚淺，又屬於地區性的公司，因此在市場上只能被認定爲 BBB 級的公司。

A公司成立以來，營運資金的取得多經由銀行借貸方式，A公司亦想在資本市場或貨幣市場上發行債券，但因公司知名度不夠，在金融市場上仍不被普遍接受，因此若發行債券，尤其是期限較長的固定利率債券，需要付出相當高的價格。

A公司在衡量目前業績與未來市場後，決定擴增固定設備，至於資金來源，最理想的方式是以固定利率方式取得較長期的資金。以A公司目前的條件與市場情況而言，A公司發行公司債的總成本（包括發行費用在內的 All-in Cost）爲年息 14%，這對A公司而言，是很大的負擔。

X銀行是一個總行位於紐約，芝加哥設有分行的投資銀行，一直和A公司有業務往來，對A公司的業務及財務情況都相當了解，因此當獲知A公司的需要後，向A公司提出了進行利率交換的構想。X銀行提出的構想是這樣的：若以A公司的條件言，在市場上發行債券的總成本至少是 14%，而向銀行以變動利率融資的成本爲 $LIBOR + \frac{1}{2}\%$；但比A

公司信用等級高的 AAA 級公司在市場上發行債券的總成本只要 12%，而向銀行融資的成本爲 $LIBOR + \frac{1}{4}$%。在上述情形下，如果由一個AAA級的公司來發行債券交由 A 公司使用， 則 A 公司的舉債成本就能降低了，當然， AAA 級公司如此做亦必須符合其自身的需要並獲得相當的利益和沒有風險才行。至少，這是一個利率交換的機會，問題是：交換的對手在那裏，換言之，去那裏找一個 AAA 級的正好有資金需要的公司？

B公司是一個總公司設於紐約的多國籍公司，其信用等級被評定爲 AAA 級， 目前正需要五千萬美元的資金。多年以前 B 公司的資金需要亦是多經銀行管道滿足，惟近年來， B 公司憑其優良的高知名度，常在資本市場或貨幣市場上發行公司債，這種直接自投資大眾處取得資金的方式，自然比向銀行借貸來得便宜，降低了資金的成本。在國際上金融證券化的趨勢下， B 公司正是一個典型的例子。

B公司的決策人員在檢視過公司的整體財務狀況後，認爲固定利率公司債在全部債務中所佔的比例已過大，以穩健經營的角度來看，不宜再增加固定利率的債務，所以此次的舉債打算捨棄公司債方式而採取向銀行借貸變動利率資金的方式。以目前市場情況言， B 公司向銀行借貸的利率爲 $LIBOR + \frac{1}{4}$%。

當X銀行獲知B公司的資金需要後，立刻發現這是一個利率交換的機會。於是X銀行的財務專家立刻對 B 公司的財務人員提出了一個旣能節省成本又能符合其需要的交換計劃。X銀行告訴 B 公司的財務人員：目前 Euro-market 是發行債券的好時機，因爲市場上已若干時候無人發行債券了，許多資金正在尋求出路，以 B 公司的信用條件此時發行債券的總成本（包括發行費用等）只要 12%， X 銀行可將它 SWAP 成爲

變動利率，成為 $LIBOR - \frac{1}{2}\%$。如此既符合了 B 公司的需要又降低了成本，不是很好嗎？

B公司從法律面、會計面、稅務面等各方面考慮過X銀行的建議後，認為這個建議基本上可行，但對交換對手的信用等級不能釋懷，於是提出下列二個要求：①由X銀行總行為中介銀行，B公司的交換契約亦是與X銀行訂立；②因A公司為最後交換者，故要求A公司提出履約的保證。X銀行同意為中介銀行，並同意做為A公司履約的保證人，於是A公司申請X銀行開發以B公司為受益人的擔保信用狀 (Stand-by L/C) ❶ 做為履約的保證。至此，一椿交換交易已呈現出雛型了。我們再來仔細檢視一下這筆交易：

1. 兩公司本身的財務需求及市場上舉債能力

	A 公 司	B 公 司
信 用 等 級	BBB級	AAA級
財 務 需 求	固定利率資金	變動利率資金
舉 債 能 力		
發 行 公 司 債	14%	12%
銀 行 借 貸	LIBOR＋½%	LIBOR＋¼%

註：發行公司債成本中已包含發行費用，但未包含交換費用。

---

❶ 擔保信用狀 (Stand-by Letter of Credit) 指只在另一商業交易未履行規定義務時，才能憑以開發滙票請求開狀銀行付款的信用狀。擔保信用狀是以保證信用狀申請人履約為目的所開發之信用狀，受益人在行使權利時，只需憑藉由本身做成的書面申明，不需獲取外來的文件亦不需第三者確認。擔保信用狀可用為投標的保證、履約或完工保證、借款保證、預付（工程）款保證、分期付款保證等用途。如本例之情形，B公司只有當付息日未獲A公司之利息給付時，始有權簽發滙票，請求X銀行給付利息及違約利息。

2. 交換交易能提供的利益

	A 公 司	B 公 司
直 接 方 式	14%	LIBOR+¼%
交 換 方 式	LIBOR+½%	12%
總交換利益（A公司 +B公司+X銀行）	1¾%	

3. 交換交易資金流程圖

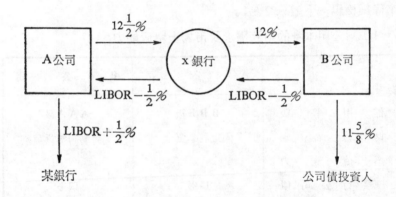

4. 交換方式舉債下，兩公司的資金總成本（All-in Cost）

(1) A公司：

付予X銀行之固定利率	$-12\frac{1}{2}\%$
付予X銀行之保證費用（Stand-by L/C 之開狀費用）	-0.25%
自X銀行取得之變動利率	$+(LIBOR-\frac{1}{2}\%)$
付予借貸銀行之變動利率	$-(LIBOR+\frac{1}{2}\%)$

總成本 　　　　　　　　　　　　　　　　　　-13.75%

(2) B公司：

自X銀行取得之固定利率	12%
付予X銀行之變動利率	$-(\text{LIBOR}-\frac{1}{2}\%)$
付予公司債投資人之固定利率（公司債利率）	-11.625%
公司債發行費用	-0.375%
總成本	$-(\text{LIBOR}-\frac{1}{2}\%)$

5. 直接舉債與交換舉債資金成本的比較

	直接舉債成本	交換舉債成本	成本節省
A　公　司	14.49%（註）	13.75%	0.74%
B　公　司	$\text{LIBOR}+\frac{1}{4}\%$	$\text{LIBOR}-\frac{1}{2}\%$	0.75%

註：A公司若發行債券，表面上需付固定利率年息14%，惟實際利息支付爲
　　半年一次，因此實際之利息成本將提高爲 14.49%。
　　（$0.14\times\frac{1}{2}=0.7$——半年利息
　　　$0.7\times0.14\times\frac{1}{2}=0.0049$——半年利息之利息
　　　$\therefore$ 實際利息爲 $0.7+0.7+0.0049=0.1449$）

6. X銀行之收益

交換差價（交換交易之安排與仲介費用）	0.5%
公司債發行費用（來自B公司）	0.375%
保證費用（來自A公司）	0.25%
總收益	1.125%

（二）交換契約

　　A公司與B公司仔細了解了利率交換的資金流程，計算出利率交換
所節省的資金成本，並確定利率交換在會計、稅務及財務報表上的處理

細節後，分別與X銀行簽訂交換契約，以下爲A公司與X銀行所訂之契約（本例之契約書取材自 Boris Antl, SWAP FINANCE（Volume 2）p. 81-84, London: Euromeny, 1986. 爲配合本書上述舉例的內容，原契約書的部份條文已修改。原契約書附錄於後供讀者參考）。

契 約 書

立契約書人A公司（以下簡稱甲方）與X銀行（以下簡稱乙方）於1988年9月1日立此契約書。雙方同意遵守下列事項，照實履約。

第1條: 名詞定義

本契約內所使用之名詞依下述定義解釋，在本契約內被使用而未在本條款內定義之名詞，則依據國際交換員協會之「交換規約──標準用語、假設及條款」的名詞定義。

違約賠償利率: 按X銀行放款基本利率加碼2％，並每日計算。

契約生效日: 1988年9月1日。

違約事由: 依第11條規定。

固定支付金額: 每一計算期❷爲 US＄6,250,000。

固定利率給付人: 甲方。

變動利率基準: 路透社之六月期 LIBOR。

計息日: 每一計算期的第一天。若此日非營業日時，順延至次一營業日。

變動利率給付人: 乙方。

名目本金: US＄50,000,000。

---

❷ 計算期（Calculation Period）: 每一計算期之期間計算是從上一個期末日（含）到下一個期末日（不含）。除非每一個期末日（Period End Day）有特別指明，否則期末日即付息日（Payment Day）。

付息日：3 月 1 日及 9 月 1 日。若此二日非營業日時，順延至次一營業日❸。

契約終止日：1993年 9 月 1 日。

第 2 條：利息之支付

本契約下各次利息之給付皆以「淨額」❹爲基礎。立契約書人在給付時需依照交換規約第 10.2(a) 條之規定。

第 3 條：利息之計算

乙方將爲計算代理人❺，乙方並需依交換規約 4.8 條之條款履行責任。

第 4 條：付款方式

本契約內所有應付款項皆依據交換規約 10.1 條之條款，以美元交付對方指定之帳戶。甲方對乙方付款時需進乙方在紐約花旗銀行之 3516 號帳戶；乙方對甲方付款時則需進甲方在芝加哥大陸銀行之 2100 號帳戶。上述指定帳戶可在預先通知後更改。

第 5 條：違約利息之給付

若任何到期利息未獲給付，違約之一方卽須依違約金額（應付而未付

---

❸ 通常次一營業日指紐約的銀行營業日，但若採 LIBOR 爲計息基準時，則需倫敦及紐約均爲銀行營業日。

❹ 淨額基礎 (Net Payment Basis) 指契約當事人對於應給付款項的交付，是以雙方應給付款項之差額的交付爲之，由應付款項較多之一方將差額交付予他方，換言之，應付款項較少之一方無需付款。如 1989 年 3 月 1 日第一次付息時，若 LIBOR 爲 12.75%，則A公司需交付予X銀行 US$ 125,000。計算如下：

A公司之應付利息　US$ 50,000,000 × 12.5% = US$ 6,250,000
X銀行之應付利息　US$ 50,000,000 × (12.75% − 0.5%) = 6,125,000
_____
A公司應付X銀行利息差額　　　　　　　　　　　　US$ 125,000

❺ 計算代理人 (Calculation Agent) 是經契約當事人雙方同意的計算雙方應付款項金額之人。計算代理人有責任定期的在付款日以前將雙方應給付利息的金額、付款日以及計算的公式等通知契約當事人雙方。

之利息）及違約賠償利率給付違約利息（依交換規約 10.3 條規定）。違約利息依實際過期天數以一年 360 天爲基礎計算。

第 6 條：聲明與保證（之一）

立約人雙方互相保證本契約由雙方代表人在獲得完全及充分的授權情形下簽訂；本契約書能被有效送達及執行；雙方同意共同遵守契約內之所有規定及履行責任。在契約期間雙方應遵守破產、倒閉、延期支付等有關法律的規定。

第 7 條：聲明與保證（之二）

甲方對乙方應提供完整正確的財務報表，上述財務報表應符合美國之一般公認會計原則。

第 8 條：雙方同意事項（之一）

立約人雙方同意對於造成違約事由的任何事件或情況，應自知曉違約事件或情況之日起三日內通知對方。

第 9 條：雙方同意事項（之二）

在契約期間內，每會計年度結束後九十天以內，每季結束後四十五天以內或經乙方提出要求情況下，甲方應將經由美國公共會計師❻簽證之財務報表送達乙方。上述財務報表包括資產負債表、損益表及其他乙方認爲需要的財務報表。

第10條：締約文件

甲方應以乙方指定之方式在一週內將由甲方法定代理人出具之證明文件送達乙方，該證明書上應載明甲方執行本契約的有權人員之姓名、職責及簽名樣本。甲方並應出具證明書證實甲方依本契約第 6 條所爲之聲明與保證之眞實性與正確性。

第11條：違約事由

本契約所指「違約事由」包括以下各項：

---

❻ 公共會計師（Public Accountant）指依會計師法取得會計師資格、領有會計師證書，得依法執行會計師業務之人，在美國稱爲 Certified Public Accountant（CPA）。

(1) 立約人在付款日未給付應付款項並在三日內未加以補償，或立約人未遵照本契約第 8 條之規定履行通知責任。

(2) 立約人未充分執行本契約內的雙方同意事項，且在接獲通知後三十天內未加以補償。

(3) 立約人依本契約規定所為之聲明與保證，經證實為不正確、不完整者，或在任何重要方面會引致誤解者。

(4) 立約人經法庭宣告無效，或立約人未履行或不能履行其一般債務，或立約人為其債權人利益而為全盤讓渡，或立約人破產，或立約人的財產被裁決由他人監督保管。

(5) 立約人在未獲對方書面同意下與其他公司合併，或轉讓公司全部或大部分財產予其他公司。

(6) 立約人本身或為他人保證之債務，總額在一千萬美元以上，到期未能給付。

(7) 立約人對於其他利率交換或貨幣交換契約有違約行為。

第12條：自動終止契約

當本契約第 11 條之違約事由發生時，無需另行通知，未違約之一方即可自動停止履行本契約第 2 條條款。

第13條：提前解約通知

當違約事由發生，未違約之一方可依據交換規約第 11.1 條之條款指定「提前解約日」。提前解約日不得早於發出解約通知之日，亦不得遲於解約通知日後十天。在提前解約日以後，雙方依據本契約第 2 條所應履行之給付責任即行終止。

第14條：提前解約時的給付

當提前解約發生時，損害賠償依據「契約估價——有限雙向支付基礎」❼計算。

---

❼　契約估價——有限雙向支付基礎 (Agreement Value-Limited Two Way Payments Basis) 是交換契約在提前解約時計算損害賠償金額的一種方式。依據交換規約第 12 條條款，契約估價(Agreement Value)是指

第15條: 安排與仲介費用

甲方應給付乙方所有因安排、簽訂、遞送及執行本契約而產生的合理費用，此項給付以美元爲之。

第16條: 保證費用

甲方應在1988年9月8日給付乙方開發擔保信用狀之開狀費用，計壹拾貳萬伍千美元。

第17條: 不可讓渡

立約人雙方若未經他方書面同意，不可轉讓本契約之任何權利與義務予第三者。

第18條: 權利之拋棄

立約人未依約履行責任經提訴時，願依交換規約第 15.1 條條款規定拋棄所有權利。

第19條: 通知

依本契約發送通知時，以本契約書上之住址與電報號碼爲準。

第20條: 修正

本契約之修正應以本契約書上簽名人之書面文件爲之。

第21條: 繼續履行之責任

立約人在履行本契約第2、14及16條條款之責任與其他應盡責任後，

利率交換市場上市場做成者 (**Market Makers**) 對重置交換交易的報價。對於提前解約的利率交換交易，交換者可在利率交換市場上重新簽訂一遞補的交換交易（指可產生與原交換交易相同資金流程的交換交易），在交換市場上，市場做成者對於此種重置交換交易 (**Replacement Swap**) 所提供之報價，即契約估價。依據交換規約 12.2 條條款，交換者可在美元利率交換市場的交易員中選擇四位信用最佳的領導者(**Leading Dealers**)要求報價，取其算術平均數，此即爲契約估價。至於有限雙方支付基礎是指提前解約之損害賠償方式視解約事由之責任歸屬而有不同，若提前解約事由不屬於立約人任何一方之責任，或雙方均有相等責任時，則由雙方共同決定損益金額並均分損益。若提前解約是因一方違約，則由未違約之一方計算損害賠償金額，並由違約之一方負損害賠償責任。

仍應繼續履行本契約第 5 及 15 條條款之責任。

第22條：準據法及管轄法院

本契約訴訟時應以紐約州法爲依據，並約定以紐約法庭爲管轄法院。

第23條：其他約定事項

本契約之契約範圍除此契約書外，尙包括所有簽約以前雙方簽訂的有關文件。

（A公司）　　　　　　　　　（X銀行）

有 權 人 或.
法定代理人: _____

職　　　稱: _____

地　　　址: _____

電 報 號 碼: _____

有 權 人 或.
法定代理人: _____

職　　　稱: _____

地　　　址: _____

電 報 號 碼: _____

以上是 A 公司與 X 銀行的交換契約書，至於 B 公司與 X 銀行之交換契約書除固定利息金額、入帳的帳戶與無需保證費用條款（第 16 條）等之少許差異外，其餘皆與之相同。

上述 A 公司與 B 公司間之利率交換交易是一個基本標準型態的利率交換交易，從此例中我們可以發現利率交換交易的特性與利益：

1. 交換交易的效果表現在經濟面而不影響法律面。如本例中，A 公司在表面上（法律上）仍是支付變動利率（$LIBOR + \frac{1}{2}\%$），但 A 公司實際上（財務上）的利息成本卻爲固定利率（13.75%）。因爲交換交易不改變交換者法律上的債權債務關係，因此未能於資產負債中自動揭露（Disclosure），屬於一種資產負債表以外（Off-Balance-Sheet）的業務。

2. 交換交易機會的產生主要是因爲在金融市場上各經濟主體間有信用（Credit）的差距存在，而爲「信用差距」所需付出的資金代價在

固定利率市場與變動利率市場間並不相同，通常固定利率市場上信用差距所需付出的資金代價高出變動利率市場許多，於是形成了交換的機會。如本例中 A 公司與 B 公司的信用差距（BBB 與 AAA 級）在固定資金市場上造成 2% 的資金差距，在變動利率市場上則造成 $\frac{1}{4}$% 的資金差距，此二市場上資金差距的不等，提供了 $1\frac{3}{4}$% 的交換利益。

　　3．交換交易的成功需要多方面的配合，因此如何發現交換的機會，如何將交換的需求與供應做最適當的拼湊是一專業技術。基本上交換的產生與資金流動是不可分離的，因此資金中介的專業機構最易成為交換交易的做成者。他們藉由全球的資訊網，資金安排的專業人材以及廣大的顧客基礎發掘並促成交換交易。亦因此，除非是母子公司之間的交換，否則公司企業間直接交換是極少見的。如本例中，遠在芝加哥的 A 公司與在紐約的 B 公司可能並不認識，或者彼此雖有耳聞但並不熟悉，因此二公司間知道彼此的資金需求與財務計劃的可能性極低，即便知道，能夠在沒有信用保證的情況下達成交換交易的可能性亦極低。因此整個交易能否做成的關鍵，事實上是在 X 銀行身上。X 銀行不但在芝加哥與紐約二地皆有營業處所，較易發掘到潛在的交換機會，而且 X 銀行有處理交換交易的專門人才，能夠使交換機會實現為交換利益，提供了 A、B 公司進行交換的動機。

二、基本型態的演進

　　利率交換的基本型態是固定利率與變動利率計息條件的交換，最早型態的利率交換是負債交換，亦即以固定利率計息之負債與以變動利率計息之負債進行交換，負債交換的觀念與技術在後來被使用於資產管理上，以增加資金運用的收益或分散資金運用的風險，於是發展出資產交換。資產交換產生後，其運用不如負債交換普遍，因為資金市場的發展

與金融證券化的演變均以債務工具爲主，因此利率交換的型態仍以負債
交換爲主，利率交換的主要目的亦仍以減低債務成本爲主。

　　一九八〇年代金融證券化成爲國際金融環境最主要的特徵，在此趨
勢下，債券市場亦成爲最主要的資金市場，同時，證券公司及投資公司
亦成爲最主要的資金中介者。歐洲債券市場是最大的債券市場，傳統上
歐洲債券市場是一個固定利率的長期市場，債券多經由多國籍的聯貸銀
行團保證和發行，極重視發行者的信用和資力，因此，一般而言，發行
者多屬工業先進國家中信用評等最優良的大公司企業或組織團體，許多
信用評等不是極優良的公司、組織若非根本進入不了這個市場，就是需
付出很高的代價，因此歐洲債券市場成爲超優良企業固定利率債務的獨
佔市場。在這種情形下，浮動利率本票 (FRNs) 自推出後即迅速發展，
許多無法自歐洲債券市場取得固定利率資金的公司、組織可用發行浮動
利率本票的方式取得變動利率的資金。然而，如果他們需要固定利率的
資金時又如何呢？

　　浮動利率本票與交換技術的結合，不但擴大了資金市場的參與者、
增加了資金取得的途徑且降低了資金的成本，在日趨激烈的全球化競爭
趨勢下，「交換」成爲資金中介者爭取業務的有效工具。

　　由於激烈的競爭和金融自由化的影響，除歐洲債券與浮動利率本票
外，舊有再加以改良的及全新的債券紛紛出現，這些新種債券經常是以
交換爲前題而發行的，因此使得交換交易的範圍不斷的擴大，交換交易
的型態亦日趨多樣化與複雜化。

　　由基本的固定利率對浮動利率交換交易 (Fixed to Floating In-
terest Rate Swap) 演變而來的利率交換交易非常多樣，幾乎任何一種
新式的金融工具在理論上都可以推出一種新式的交換方式來，因此交換
市場是非常年靑多變的，但是正如同許多新式金融工具之仍待考驗，新

式的交換方式亦有許多仍待考驗，交換市場至今仍以基本型態的交換交易為主。以下簡單介紹幾種主要的經由基本利率交換型態演進而來的交換交易。

（一）變動利率對變動利率交換交易（Floating to Floating Interest Rate Swaps）

利率交換是不同計息方式資金的交換。計息方式因利率標準（或參考利率 Reference Rate）的不同而有許多種，除固定利率計息方式是在整個契約期間都有一明確固定的利率外，其他的計息方式都只是確定一個計算利息的利率標準，至於整個契約期間的利率並不確定，此即為變動利率計息方式。市場利率依金融工具之不同而有許多種類，如倫敦銀行間放款利率（LIBOR）、商業本票利率（C/P Rate）、國庫券利率（T/B Rate）、基本放款利率（Prime Rate）、聯邦資金利率（Federal Funds Rate）等。因為變動利率計息方式有許多種，因此變動利率間就有了交換的可能。這種變動利率對變動利率的交換交易又稱為基差交易（Basis Swaps）❽或貨幣市場指標交換交易（Money Market Index Swaps）❾。

在利率交換交易中，最常被採用的計息標準是 LIBOR，在以 LIBOR 為參考利率的交換交易中，最常被使用的計息方式是每六個月重新計息一次（6-month LIBOR 或 6-LIBOR）。除六月期 LIBOR 外，三月期及一月期的 LIBOR 及一月期的商業本票利率（1-month C/P）亦經常

---

❽ Basis 在股票市場、商品市場、期貨市場或外滙市場上皆指期貨與現貨價格之差。在債券市場上則指債券投資人之到期收益（Yield to Maturity）。變動利率對變動利率之交換使交換者之利息成本或收益改變（Basis 改變），而所改變的成本或收益多以基本點（Basis Point）表示，所以此種交換被稱為 Basis Swap。

❾ 因變動利率對變動利率的交換交易皆以貨幣市場上的重要利率指標為計息標準。

被採用 。 例如 3-month LIBOR 對 1-month C/P, 6-month LIBOR 對 6-month T/Bills, 6-month LIBOR 對 6-month Prime 等。

以下為 A 公司與 B 公司間變動利率對變動利率的交換交易舉例：

1. A、B 公司的財務需求及市場上舉債能力

	A　公　司	B　公　司
財務需求	LIBOR 方式計息資金	Prime Rate 方式計息資金
舉債能力		
①	LIBOR＋90 b. p.	LIBOR
②	Prime＋15 b. p.	Prime－25 b. p.

2. 交換交易能提供之利益

	A　公　司	B　公　司
直接方式	LIBOR＋90 b. p.	Prime－25 b. p.
間接方式	Prime＋15 b. p.	LIBOR
交換利益	50 b. p.	

3. 交換交易流程圖

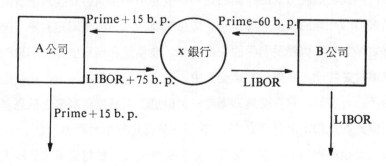

4. 交換後 A、B 公司的資金成本

A公司: (Prime＋15 b. p.)＋(LIBOR＋75 b. p.)－(Prime＋15 b. p.)

＝LIBOR＋75 b. p.

B公司: LIBOR＋(Prime－60 b. p.)－LIBOR

＝Prime－60 b. p.

5. A、B 公司直接舉債與交換舉債資金成本比較

	直接舉債成本	交換舉債成本	交 換 利 益
A 公 司	LIBOR＋90 b. p.	LIBOR＋75 b. p.	15 b. p.
B 公 司	Prime－25 b. p.	Prime－60 b. p.	35 b. p.

（二）無息交換交易 (Zero-coupon Swaps)

無息交換交易是因無息債券 (Zero-coupon Bonds) 的發行而產生。無息債券是以低於面值之價格發行的債券，在債券到期以前，債券發行人不給付利息，債券到期時以面值清償，面值與發行價格間的差額即利息。無息債券是一種以固定利率貼現方式發行的債務，這種兼高利率與貼現方式的債券在 1982 年的美國債券市場上曾大受歡迎。嗣後為滿足市場上資金供給者之喜好順利籌集資金，資金需求者紛紛發行無息債券，但此種貼現方式的長期固定利率債務不一定適合資金需求者的財務需要，因此無息交換應運而生。無息交換基本上亦是固定利率（無息債券之貼現息）與變動利率的交換交易，惟為配合無息債券的利息到期一次償付之特性，在無息交換交易中，固定利率付息的一方，在交換期間內不給付利息，只在交換期滿時一次付息。至於變動利率之付息者則仍根據契約上約定之付息方式，在每一個付息日給付對方利息。以經濟面（資金流程面）的影響而言，無息交換使發行無息債券的債務人，

將到期一次付息的固定利率債務轉換成按期支付利息的變動利率債務，以配合債務人資產負債管理上的需求。以下舉例說明無息交換的交易流程：

　　假設A公司在一九八八年六月一日發行面值爲一億二千萬美元之無息債券，債券到期日爲一九九四年十二月一日，發行價格爲六千萬美元。（換言之，投資人於一九八八年六月一日以六千萬美元購買之債券，

①1988年 6 月 1 日債券發行時

②每半年付息時（1988 年 12 月 1 日爲第一次，1994 年 12 月 1 日爲最後一次，共計 13 次）

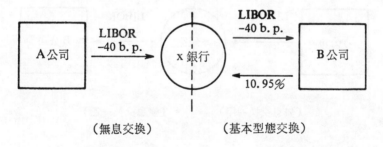

③1994 年 12 月 1 日債券到期時

圖二十一　　A公司與X銀行進行無息交換交易之流程圖——X銀行承擔交換風險

在一九九四年十二月一日債券到期時可拿回一億二千萬美元，相當於以六千萬美元做爲期六年半，年息 10.95％，每半年付息一次的固定利率長期存款。）A公司爲配合本身之財務需求與X銀行洽商進行一個利率交換交易，將利息的支付轉換成每半年給付一次，以 6-month LIBOR 爲基準的變動利率。X銀行可以兩種方式將A公司的 10.95％固定利率轉換成 LIBOR-40 b.p. 的變動利率債務。以下以流程圖來顯示這兩種

①1988年 6 月 1 日

②半年付息時

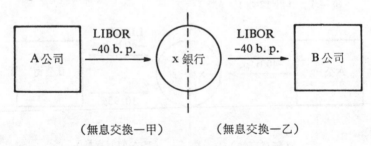

（無息交換一甲）　　　　（無息交換一乙）

③1994 年 12 月 1 日

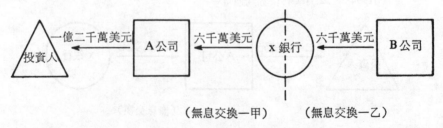

（無息交換一甲）　　　　（無息交換一乙）

圖二十二　A公司與X銀行進行無息交換交易之流程圖——X銀行不承擔交換風險

方式（方式一：圖二十一與方式二：圖二十二）。

　　上例中方式一與方式二對Ａ公司之資金流程沒有影響，方式一與方式二之不同在於Ｘ銀行對此無息交換之處理有別。先看方式一，投資人在一九八八年六月一日購買債券時付出六千萬美元獲得一億二千萬美元之債權（方式一之①圖）；Ａ公司發行無息債券一億二千萬美元，取得六千萬美元之現金，同時與Ｘ銀行做成一個無息交換交易，條件是Ａ公司每半年給付Ｘ銀行一次利息，利息之計算公式為：六千萬美元×（LIBOR-40 b. p.）（方式一之②圖）；Ｘ銀行再找Ｂ公司為交換對手，做成一個固定利率（10.95％）對變動利率（LIBOR-40 b. p.）的交換交易（方式一之②圖）；當一九九四年十二月一日債券到期時，Ｘ銀行付予Ａ公司債券面值與發行價格間之差額（即六千萬美元），Ａ公司依債券面值（即一億二千萬美元）付予投資人（方式一之③圖）。方式一全部過程中包含了Ａ公司與Ｘ銀行間之無息交換與Ｘ銀行與Ｂ公司間之基本型態利率交換。

　　再看方式二，方式二中Ａ公司與投資人間之資金關係以及Ａ公司與Ｘ銀行間之無息交換交易，皆與方式一相同。兩種方式之不同處是Ｘ銀行與Ｂ公司間之交換型態。在方式二中，Ｘ銀行與Ｂ公司間亦做成一個無息交換交易（設為無息交換乙），無息交換乙與無息交換甲之交換結構與交換條件完全相同，只是資金流向相反而已，換言之，Ｘ銀行在方式二中只是一個居間中介的橋樑而已，真正的無息交換是在Ａ公司與Ｂ公司間進行，Ａ公司每半年付息（LIBOR-40 b. p.）予Ｂ公司交換Ｂ公司在期滿時一次給付六千萬美元；而在方式一中，Ｘ銀行因所做成之交換交易未能完全軋平故承擔部分風險。

　　（三）聯合交換交易（Syndicated Swaps）

　　如同好幾家銀行聯合起來共同承做一筆金額龐大的聯合貸款（Syndicated Loan)❿一樣，聯合交換交易是在交換金額逾乎尋常的龐大情形下（通常超過 5 億美元）由二個以上的交換對手來共同分擔部分交換金額的交換交易（如圖二十三所示）。

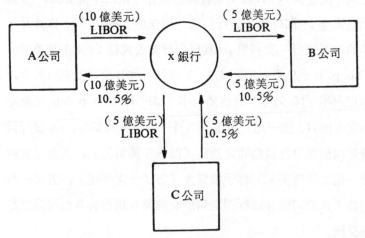

註：（ ）內爲本金，並不交換，只做爲計算利息的基礎，是爲名目本金。

圖二十三　聯合交換交易

上例的聯合交換交易在本質上仍是一固定利率對變動利率的交換交易，A公司透過交換交易可將 10 億美元變動利率的債務轉換成固定利

---

❿ 聯合貸款 (Syndicated Loan or Lending) 簡稱聯貸，指由多家金融機構籌措資金以同一條件貸給借款人。這種聯貸在歐洲通貨市場原甚爲普遍，成爲借貸的主要方式，但近年來在金融證券化趨勢下，已逐漸衰減。聯貸中的銀行可分爲主辦銀行、經理銀行與參加銀行。通常係先由主辦銀行與借款人磋商後，籌組經理團以承辦貸款。而因貸款金額龐大，很難由單獨一家銀行來承貸，因此分由有興趣共同承貸的銀行來分擔貸款的金額和風險，此爲分貸，通常主辦銀行及經理銀行會在共同承貸中分擔較高比例的貸款。

率的債務。因爲 10 億美元❶的金額太大，X銀行不易找到一個單獨的交換對手，於是X銀行將之分割成二個金額較小的交換交易，分別與B公司和C公司爲之。

（四）附選擇權的交換交易（Option Swaps）

附選擇權的交換交易指交換的一方根據契約可以獲得某項權利，例如可以延長（或縮短）交換期間，可以逆向交換，可以固定交換差價等。

1. 可延長的交換交易（Extendible Swaps）：一方交換者有權在原訂交換交易契約滿期後延長一段交換期間的交換交易。

2. 可縮短的交換交易：一方交換者有權在原訂交換交易契約滿期以前提早終止交換契約（即縮短交換期間）的交換交易。可分爲兩種：

（1）Callable Swaps：固定利率付息者有權提前終止契約。

（2）Puttable Swaps：變動利率付息者有權提前終止契約。

3. 可逆向操作的交換交易 （Coterminous Reversal Option Swaps）：變動利率的付息者可用約定的交換價格再逆向操作的交換交易。

4. 固定交換價格的交換交易（Spread Option Swaps）：交換的一方在訂約以前有權確定交換價格（Guaranteed Swap Spread）的交換交易。

上述幾種交換交易，交換的一方根據契約可獲得某項權利（也可放棄該項權利），換言之，附選擇權的交換交易允許交換的一方有某種選擇的權利，有該項選擇權的交換者可視利率的走勢決定是否實現其權利。

---

❶ 10 億美元的本金並不交換（名目本金），只交換以 10 億美元本金爲計算基礎的利息；同理，B公司及C公司亦只是就 5 億美元本金的利息部分分別與X銀行進行利率交換交易。

例如當利率長期走高時，交換契約中固定利率的付息者相對有較低的利息支出、較高的利息收入，因此這種情形下，變動利率付息者可能希望提早終止契約；而當利率長期走低時，固定利率的付息者可能希望提前終止契約。短期間（二至三年）固定利率對變動利率的交換交易十分活絡，交換價格亦因此隨市場狀況經常變動，固定交換價格的交換交易使交換的一方（選擇權的買方）可以保證的交換價格訂立交換契約，鎖住資金的價格。附選擇權的交換交易一方面固然賦予交易中選擇權的買方較大的適應市場變化的彈性，另方面卻也使選擇權的賣方（the writter 或選擇權的提供者 the provider of the option）承擔了較大的市場風險（若賣方未相對採行避險措施），因此附選擇權的交換交易成本十分昂貴，換言之，選擇權交換交易中的選擇權買方需付出額外的代價以獲得這項基本利率交換交易以外的權利。附選擇權的交換交易種類很多（約有 30 種），但因成本昂貴，使用並不普遍。

（五）遠期交換交易 （Forward Swaps 或 Future Swaps）

遠期交換交易類似遠期外滙契約，均是預先承諾一個價格並約定在未來某日或某段期間執行該承諾的交易。遠期交換交易即預先設定一個交換價格但延至未來某日或某段期間才執行的交換交易。例如 A 公司預定在兩年以後發行一批變動利率的公司債，A 公司預測利率將呈現長期走高的趨勢，因此若在目前使變動利率交換成固定利率可以節省未來的資金成本，在這種情形下，A 公司進行了一個二年後才開始執行的遠期利率交換交易。至於「遠期」交換交易的「期間」通常以二年最爲普遍（即二年後生效）。

（六）分期償付的交換交易 （Amortizing Swaps）

分期償付的交換交易使用於分期償還（Amortization）方式的財務承諾上。例如 A 公司向某銀行舉借四千萬美元的浮動利率貸款，約定每

年償還一千萬美元，Ａ公司希望將此債務轉換成固定利率的債務，因此進行了一個四年期分期償付的交換交易，在此交易中，交換雙方第一年依據四千萬美元的名目本金來計息（Ａ公司爲固定利率付息者），第二年的名目本金爲三千萬美元，第三年爲二千萬美元，第四年則爲一千萬美元。分期償付的交換交易可以視爲數個交換期間不等的交換交易，例如上例Ａ公司的分期償付交換交易可以視爲一組（或一批）共四個的交換交易集合體（Swap Package），每一個交換交易除期間長短不同外，其他條件完全相同。第一個交換交易爲一年期，第二個二年期，第三個三年期，第四個四年期，上述四個交換交易的名目本金均爲一千萬美元，因此，Ａ公司在第一年有四千萬美元計息的固定利息支出，第二年三千萬美元，以此類推。

（七）分期撥款的交換交易（Drawdown Swap）

　　分期撥款的交換交易與分期償付的交換交易相反。分期撥款的交換交易使用於分期撥款（Drawdown）方式的財務承諾上。例如Ａ公司向某銀行舉借總額四千萬美元的浮動利率貸款，約定全部貸款金額分四年平均撥交於Ａ公司，換言之，Ａ公司的債務逐年增加，第一年爲一千萬美元，第二年爲二千萬美元，以此類推。Ａ公司希望將此浮動利率的債務轉換成固定利率債務，因此進行了一個四年期分期撥款的交換交易。在此交易中，交換的名目本金爲一千萬美元，第二年爲二千萬美元，以此類推。分期撥款的交換交易亦可視爲除契約執行日不同外，其他條件完全相同的一組交換交易。

　　圖二十四至圖二十六表示基本型態、分期償付與分期撥款三種型態的交換交易。圖二十四（基本型態）是一個四年期，名目本金爲四千萬美元的固定利率對變動利率的交換交易。圖二十五（分期償付交換）是一個四年期固定利率對變動利率的交換交易，惟名目本金逐年減少。圖

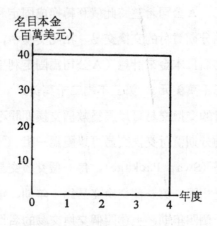

圖二十四　基本型態的交換交易

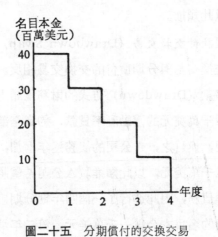

圖二十五　分期償付的交換交易

二十六（分期撥款交換）恰與圖二十五相反，是一個四年期固定利率對變動利率的交換交易，惟名目本金逐年增加。

（八）逆向利率交換交易 (Interest Rate Swap Reversals)

逆向利率交換交易嚴格說來並不是一種新式的利率交換型態，只是一種交換交易操作的技術。逆向操作的方式是從事一個與原交換交易滿

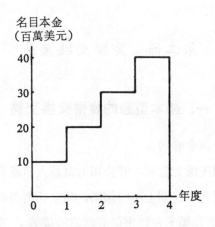

圖二十六　分期撥款的交換交易

期日相同，但計息條件相反的交易，如A公司簽訂一個期間五年，以變動利率來交換固定利率的利率交換交易（如圖二十七①）後一年，因市場條件已改變（利率下跌），A銀行又再簽訂一個期間四年，以固定利率來交換變動利率的交換交易（如圖二十七②），以此方式賺取利率下跌的利潤。

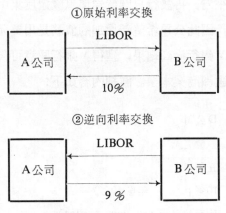

註：①箭頭表示利息流程。
　　②二個利率交換交易的名目本金相同。

圖二十七

第二節　貨幣交換交易

一、基本型態的貨幣交換交易

(一)交換的機會與利益

C公司是一個美國大公司，該公司的財務人員認爲日本的基本經濟情況非常好，日圓仍有長期上漲的趨勢，而公司對美國長期經濟發展的看法並不樂觀，認爲美元在將來仍有貶值的趨勢，在日圓看漲的預期下，公司認爲應將部分的日圓債務（強勢貨幣）轉換成其他弱勢幣別的債務（如美元），以降低滙率風險。

D公司是一個日本大公司，目前正需要資金來擴充設備。D公司的財務人員認爲目前市場上並不是再發行新的日圓債券的好時機，因爲D公司不久以前才發行過日圓債券。況且D公司已有太多的日圓債務，以滙率風險的角度來看，再發行日圓債券使風險過度集中，並不符合公司負債管理的要求，因此公司希望新增加的債務是用美元計值⑫。D公司與往來銀行——Y銀行洽商結果，獲得Y銀行同意可代其在歐洲市場上發行一億美元的歐洲商業本票。詳細內容如下：

　　　　發行公司: D公司

　　　　發 行 額: 一億美元

　　　　期　　間: 五年

　　　　利　　率: 10% p. a.（年息10%）

　　　　發行價格: 依面值發行（即 Par 或 Flat）

---

⑫　指公司的債務是用美元記帳的，但公司需要的資金是日圓。

發行費用：0.2% Flat（＝100,000 千美元×0.2%＝200 千美元）

經辦費用：1.5% Flat（＝100,000 千美元×1.5%＝1,500 千美元）

實得金額：98,300 千美元（＝100,000 千美元－1,700 千美元）

根據上述發行條件，Ｄ公司計算出來發行總成本爲 10.454%❸。

Ｄ公司在取得上述九千八百三十萬美元後，若在即期市場上出售，可得一百四十七億四千五百萬日圓（即期滙率 ＄/￥＝1:150）。Ｄ公司雖可以出售美元的方式取得日圓來使用，但如此一來，Ｄ公司卽需承擔很大的滙率風險，因爲五年後Ｄ公司仍需買回美元來淸償到期的美元債，Ｄ公司認爲五年的時間很長，影響滙率的因素又太多，Ｄ公司不願承擔如此大的滙率風險。Ｙ銀行於是向Ｄ公司提出貨幣交換的計劃，Ｙ銀行告訴Ｄ公司，可用貨幣交換的方式將Ｄ公司的美元債務轉換成日圓債務，轉換後的日圓債總成本爲 7.4175%（計算詳於後文）。

Ｄ公司若自銀行直接擧借日圓，其利率爲 8%，Ｄ公司經由貨幣交換交易間接取得日圓則僅需付出 7.4175% 的資金成本，因此以發行美元債券再進行交換轉成日圓的籌措資金方式，不僅較能符合Ｄ公司負債

---

❸ Ｄ公司美元債務實際成本的計算

單位：千美元

第 0 年　　　98,300──→實得金額

　　1　　　〈10,000〉──→利息(100,000×10%)

　　2　　　〈10,000〉──→同上

　　3　　　〈10,000〉──→同上

　　4　　　〈10,000〉──→同上

　　5　　　〈110,000〉──→利息(10,000)＋本金(100,000)

$$\text{IRR}(x) = 10.454\% \longrightarrow 98,300 = \frac{10,000}{1+x} + \frac{10,000}{(1+x)^2} + \frac{10,000}{(1+x)^3}$$

$$+ \frac{10,000}{(1+x)^4} + \frac{110,000}{(1+x)^5}$$

管理的要求且能爲D公司節省資金成本，對D公司是一舉兩得的事。經過上述的分析與對交換風險的評估後，D公司對進行交換交易已十分心動了。

　　Y銀行在向D公司提出上述交換計劃時已對C公司的想法和需要十分了解，旣然C公司與D公司二者的想法和需要不同，而彼此又能在對自己有利的情形下滿足對方的需要，因此雙方之間是很好的交換對手。Y銀行向C公司提議可將C公司目前存在之一百五十億日圓，未還期限爲五年，票面利率爲 7％（但實際總成本爲7.4175％❶）的日圓債務轉

------

❶　C公司資產負債表上有一筆發行條件如下的日圓債務，其票面利率爲7％，但 all-in-cost 爲 7.4175％。

　1. 債務內容:

　　發行公司: C公司

　　發　行　額: 一百五十億日圓

　　期　　間: 七年（未到期期間爲五年）

　　利　　率: 7％ p. a. (卽年息7％)

　　發行價格: 依面値發行（卽 Par 或 Flat）

　　發行費用: 0.2％ Flat(=15,000 百萬日圓×0.2％=30 百萬日圓)

　　經辦費用: 1.5％ Flat(=15,000 百萬日圓×1.5％=225 百萬日圓)

　　實得金額: 14,745 百萬日圓（=15,000−30−225）

　2. 實際總成本的計算:

　　單位: 百萬日圓

　　第 0 年　　　14,745──→實得金額

　　　1　　　〈1,050〉──→利息(15,000×7％)

　　　2　　　〈1,050〉──→同上

　　　3　　　〈1,050〉──→同上

　　　4　　　〈1,050〉──→同上

　　　5　　　〈16,050〉──→利息(1,050)＋本金(15,000)

$$IRR(x) = 7.4175\% \longrightarrow 14,745 = \frac{1,050}{1+x} + \frac{1,050}{(1+x)^2} + \frac{1,050}{(1+x)^3}$$
$$+ \frac{1,050}{(1+x)^4} + \frac{16,050}{(1+x)^5}$$

換成年息爲 10.454% 的美元債務。C公司的財務人員經過稅務會計，政府管理法規及交換風險等各方面的考慮後，認爲交換交易能減低公司外幣債務的滙率風險，滿足公司外滙風險管理上的需要，因此欣然接受 Y銀行交換交易的建議（同時，C公司若不使用交換交易來避險，而採取其他避險措施其成本爲 11%）。

以下再來仔細檢視一下這樁貨幣交換交易的機會與利益：

1. C公司與D公司之日圓與美元債務成本

	C　公　司	D　公　司
日 圓 總 成 本	7.4175%	8%
美 元 總 成 本	11%	10.454%

2. 貨幣交換能提供的利益

	C 公 司（美元）	D 公 司（日圓）
直接方式（或SWAP以外的其他方式）	11%	8%
交　換　方　式	10.454%	7.4175%
交　換　利　益	0.5460%	0.5825%

3. 貨幣交換的資金流程圖

（1）期初本金互換

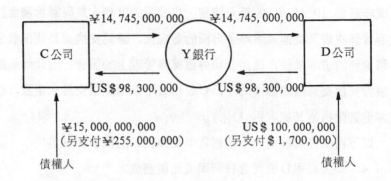

(2) 交換期間內之利息互換（第一年至第五年，年付一次）

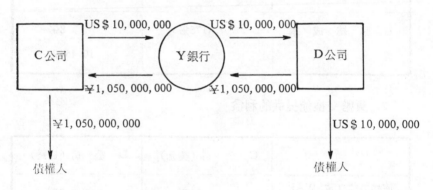

(3) 期末本金互換

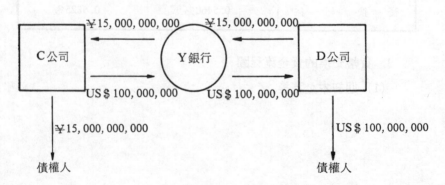

4. C公司與D公司因進行貨幣交換產生的資金流程

日 資金 流程 期	C 公 司		D 公 司	
	美　元	日　圓	美　元	日　圓
第 0 年	98,300,000	〈14,745,000,000〉	〈98,300,000〉	14,745,000,000
1	〈10,000,000〉	1,050,000,000	10,000,000	〈1,050,000,000〉
2	〈10,000,000〉	1,050,000,000	10,000,000	〈1,050,000,000〉
3	〈10,000,000〉	1,050,000,000	10,000,000	〈1,050,000,000〉
4	〈10,000,000〉	1,050,000,000	10,000,000	〈1,050,000,000〉
5	〈110,000,000〉	16,050,000,000	110,000,000	〈16,050,000,000〉

註：①〈　〉表示資金流出，未〈　〉表示資金流入。

②第五年的資金流程中含本金與利息。

（二）交換契約

　　C公司與D公司仔細了解了貨幣交換的資金流程、計算出貨幣交換所節省的資金成本，並確定貨幣交換在會計、稅負及財務報表上的處理細節後，分別與Y銀行簽訂交換契約，以下為C公司與Y銀行所訂之契約（本例之契約書取材自 Boris Antl, SWAP FINANCE（Volume 2），pp. 85-89, London: Euromoney, 1986。為配合本書上述舉例的內容，原契約書的部份條文已修改。原契約書附錄於後供讀者參考。）

契 約 書

　　立契約書人 C 公司（以下簡稱甲方）與 Y 銀行（以下簡稱乙方），於 1988 年 9 月 1 日立此契約書。雙方同意遵守下列事項，照實履約。

　　第一條：名詞定義

　　本契約內所使用之名詞依下述定義解釋。

　　銀行營業日： 指位於紐約或東京二地之一的銀行依法營業的日子。

　　損害賠償費： 若發生提前終止契約事件時，損害賠償金額依下列方式計算：①於本契約第二條所規定之付款日期表上所有在提前終止契約日後所應給付的金額皆以下述方法折算成現值，並加計總數；②於本契約第二條所規定之付款日期表上所有在提前終止契約日後所應受償的金額皆以下述方式折算成現值並加計總數。

　　上述現值總額以美金表示，上述第①與第②項之金額相減後，以淨額表示損害賠償費。依本條款計算現值時，利率係採用到期日與原付款日期表上之付款日相同的美國及日本政府債券（以美元及日圓計值）利率，若無到期日相同的政府債券利率時，採用到期日在付款日以後而與付款日日期最接近者。日圓折計成美元時，折換率採提前終止契約日的倫敦外滙市場早上 11 點（倫敦當地時間）的日圓即期買入滙率。

　　違約事由： 依本契約第 10 條規定。

　　提前終止契約日： 依本契約第 11③ 條規定。

　　稅負： 指不論任何種類或形式被扣繳或需繳納的稅捐。

　　第二條：交換

　　①1988 年 9 月 1 日，C 公司應付予 Y 銀行日幣一百四十七億四千五百萬元，Y 銀行應付予 C 公司美幣九千八百三十萬元。

　　②1989、1990、1991 及 1992 年每年的 9 月 1 日，C 公司應付予 Y 銀行美幣一千萬元，Y 銀行應付予 C 公司日幣一十億五千萬元。

　　③1993 年 9 月 1 日，C 公司應付予 Y 銀行美幣一億一千萬元，Y 銀行

應付予Ｃ公司日幣一百六十億五千萬元。

上述付款日若非銀行營業日，則付款順延至次一銀行營業日。

立約雙方依據本條款應爲之付款責任應在無違約事由或情況發生之條件下。

第三條: 付款方式

本契約內所有應付款項，若無其他最近的付款指示時，皆應依附件一之規定交付予對方指定之帳戶。

第四條: 違約利息

若任何到期應付之美元未獲給付時，違約利息卽開始計算並累積至未付美元金額的 2 ％。違約利息是依Ｙ銀行美元放款基本利率，及實際過期天數，並以一年 360 天爲基礎逐日計算。若任何到期之日圓未獲給付時，違約利息卽根據此金額開始計算並累積至該金額的 2 ％。違約利息是依Ｙ銀行的日圓隔夜通知存款利率，及實際過期天數，並以一年 360 天爲基礎逐日計算。違約利息應見索卽還。

第五條: 連帶非法行爲

若立約人的任何一方依本契約所爲的付款行爲或依本契約所爲的收款行爲因政府法律、規定或條約的訂立、改變或變更解釋而成爲非法行爲時，受到影響的一方應將影響結果通知他方，並對下述行爲盡最大的努力: ①依本契約第 14 條之規定讓渡或移轉其在本契約下的權利與義務至其他分行、分公司或辦事處或其他貨幣交換市場上的主要參與者，上述讓渡或移轉行爲採取後應無任何稅負，且使上述付款或收款行爲成爲合法行爲。②雙方同意修改本契約或改變本契約的付款方式致使本契約的收付款行爲不構成非法行爲。在連帶非法行爲發生且受影響之一方發出通知後十日內，若上述讓渡或修改協議不能達成，則受連帶非法行爲影響的一方應依本契約第11③ 條之規定發出提前終止契約通知。

第六條: 稅負

本契約第 2 條所爲之所有款項的給付係在無額外稅負產生的情況之下，若立約人之一方依本契約所爲之款項收付行爲發生稅負負擔，立約人

同意依下列方式盡最大努力：①依本契約第 14 條之規定讓渡或移轉其在本契約下的權利與義務至其他分行、分公司或辦事處所，或其他貨幣交換市場上的主要參與者，上述行為採取後應無任何稅負發生；②雙方同意修改本契約或改變本契約的付款方式致使本契約的收付款行為之結果未受稅負影響。在稅負發生、受影響之一方發出通知後十日內，若上述讓渡或修改協議不能達成，則發生稅負負擔的一方應依本契約第 11③ 條之規定發出提前終止契約通知。

第七條：聲明與保證

立約人雙方互相保證本契約由雙方代表人在獲得完全且充分的授權情形下簽訂。本契約書能被有效送達及執行。雙方同意共同遵守契約內之所有規定並履行責任。在契約存續期間內雙方應遵守破產、倒閉、延期支付等有關法律的規定。

第八條：雙方同意事項

立約人雙方同意下列事項：①立約人之任何一方應將造成違約事由的任何事件或情況自知曉日起三日內通知對方（除本契約第 10① 條之情況外）；②立約人之任何一方，在對方要求下應隨時提供對方所指定的做為免稅或減稅證明用途的任何報表或文件。

第九條：締約文件

甲方應於 1988 年 9 月 8 日（含）以前送達乙方下列文件：①已填報並繳納的 1001 式納稅表格；②甲方執行代表的認可證件，該代表需經甲方法定代理人證明並合於本契約第十九條規定。

第十條：違約事由

本契約所指違約事由，包括以下各項：①立約人在付款日未依約給付應付款項並在三日內未加以補償，或立約人未依本契約第 8① 條規定履行通知責任。②立約人未充分執行本契約內的雙方同意事項，且在接獲通知後三十天內未加以補償。③立約人依本契約規定所為之聲明與保證，經證實為不正確、不完整者，或在任何重要方面會引致誤解。④立約人經法庭宣告無效、或立約人未履行或不能履行其一般債務，或立約人為其債權人

利益而爲全盤讓渡，或立約人破產，或立約人或立約人的財產被裁決由他人監督保管。⑤立約人在未獲得對方書面同意下與其他公司合併、或轉讓公司全部或大部分財產予其他公司。⑥立約人本身或爲他人保證之債務總額在一千萬美元以上，到期未能給付。⑦立約人對於其他貨幣交換或利率交換契約有違約行爲。

第十一條：提前終止契約

①若違約事由發生或當違約事由存續時，未違約的一方可無條件依第11③條規定發出提前終止契約通知。

②當本契約第五條（連帶非法行爲）或第六條（稅負）的情況發生時，可依第11③條規定發出提前終止契約通知。

③依本契約第 11① 及 11② 條所爲之提前終止契約通知上應述明理由，並應聲明在「提前終止契約日」以後，雙方依據本契約第二條所應履行之責任卽行終止。「提前終止契約日」應載明於提前終止契約通知上，該「提前終止契約日」不得早於發出提前終止契約通知之日，亦不得遲於該通知日後十天。

第十二條：提前終止契約時的給付

①若提前終止契約是因本契約第 10 條之原因時，則違約的一方應給付未違約的一方損害賠償。

②立約人之任何一方若依本契約第 11② 條規定發出提前終止契約通知時，因提前終止契約所造成的損害或利益由雙方均分。

③立約人之任何一方依本條款進行損害賠償要求時，應提出損害賠償清單，仔細列出該項損害賠償金額的內容。

④依本條款應付之所有款項，應連同到期之其他應付款項，在提前終止契約日以美元給付。

第十三條：成本與費用

立約人應自付或由對方償付所有因安排、簽訂、遞送及執行本契約而產生的合理費用。

第十四條：不可讓渡

立約人若未經他方書面同意不可轉讓本契約之任何權利與義務予第三者。

第十五條: 棄權

立約人不因未執行或延遲執行任何下述條款而視爲對該等條款的棄權。單獨執行或部份執行下述條款不被視爲對其他條款已經執行。棄權,除非以書面爲之,不發生效力。對以下任何條款的棄權不視爲對其他條款亦棄權。本條款內所謂權利指法律上的一切權利。

第十六條: 通知

依本契約所發送之所有通知應以電報、或函件以面交、無線電傳眞、航空郵遞或郵寄等方式送達至本契約書附件一上所指定之住址,電報號碼或傳眞機號碼,並應依指示連帶副本送達。所有通知之送達應在接獲送達確認之通知後始爲有效,送達確認通知可以電報爲之。

第十七條: 修正

本契約之修正應以本契約書上簽名人之書面文件爲之。

第十八條: 繼續履行之責任

立約人在履行本契約第 2 及第 4 條條款所規定之責任後,仍應繼續履行本契約第 6 及第 13 條條款之責任。

第十九條: 準據法及管轄法院

本契約訴訟時應以紐約州法爲依據,並約定以紐約法庭爲管轄法院。

第二十條: 副本與其他約定事項

本契約之副本與本契約有相同效力,本契約之執行可以副本爲之。本契約之契約範圍除此契約書外,亦包括所有與此貨幣交換交易有關的口頭約定,與簽約以前雙方簽訂的有關文件。

　　（C公司）　　　　　　　　（Y銀行）

　　簽約人: ＿＿＿＿＿＿＿　　簽約人: ＿＿＿＿＿＿＿

　　職　稱: ＿＿＿＿＿＿＿　　職　稱: ＿＿＿＿＿＿＿

附件一 通知送達地址及收款帳戶

〔**Y 銀行**〕

地　　址: ＿＿＿＿＿＿＿＿＿＿＿＿＿＿＿＿＿＿＿＿＿＿＿

收 件 人: ＿＿＿＿＿＿＿＿＿＿＿＿＿＿＿＿＿＿＿＿＿＿＿

電報號碼: ＿＿＿＿＿＿＿＿＿＿　傳眞機號碼: ＿＿＿＿＿＿＿＿

日圓收款帳戶

帳　　號: ＿＿＿＿＿＿＿＿＿＿＿＿＿＿＿＿＿＿＿＿＿＿＿

收 款 行: ＿＿＿＿＿＿＿＿＿＿＿＿＿＿＿＿＿＿＿＿＿＿＿

美元收款帳戶

帳　　號: ＿＿＿＿＿＿＿＿＿＿＿＿＿＿＿＿＿＿＿＿＿＿＿

收 款 行: ＿＿＿＿＿＿＿＿＿＿＿＿＿＿＿＿＿＿＿＿＿＿＿

〔**C公司**〕

地　　址: ＿＿＿＿＿＿＿＿＿＿＿＿＿＿＿＿＿＿＿＿＿＿＿

收 件 人: ＿＿＿＿＿＿＿＿＿＿＿＿＿＿＿＿＿＿＿＿＿＿＿

電報號碼: ＿＿＿＿＿＿＿＿＿＿　傳眞機號碼: ＿＿＿＿＿＿＿＿

日圓收款帳戶

帳　　號: ＿＿＿＿＿＿＿＿＿＿＿＿＿＿＿＿＿＿＿＿＿＿＿

收 款 行: ＿＿＿＿＿＿＿＿＿＿＿＿＿＿＿＿＿＿＿＿＿＿＿

美元收款帳戶

帳　　號: ＿＿＿＿＿＿＿＿＿＿＿＿＿＿＿＿＿＿＿＿＿＿＿

收 款 行: ＿＿＿＿＿＿＿＿＿＿＿＿＿＿＿＿＿＿＿＿＿＿＿

以上是 C 公司與 Y 銀行的交換契約書，至於 D 公司與 Y 銀行間之交換契約書，除第二條之交換金額不同❶與附件一上之收款帳戶不同等少許差異外，其餘皆與之相同，故此處不再重複。

C 公司與 D 公司在交換以後，C 公司實際運用的資金是美元，C 公司實際支付的資金成本亦是美元利息，但法律上 C 公司仍然是日圓債的債務人，仍支付日圓利息予日圓債的投資人。換言之，該貨幣交換交易改變了 C 公司與 D 公司的財務面資金的流動，但不改變 C 公司與 D 公司法律上的債權債務關係。此點仍請注意。

二、基本型態的演進

上例 C 公司與 D 公司間經由 Y 銀行而做成的貨幣交換是一個基本型態的貨幣交換交易。基本型態的貨幣交換交易以 IBM 公司與世界銀行在1981年 8 月間所達成的二億九千萬美元的交換爲最出名，該筆交換交易不但爲該筆交易之參與者帶來利益，更爲交換市場開啟了新紀元。當時 IBM 公司與世界銀行經由所羅門兄弟公司的居間安排簽訂了交換契約，世界銀行發行年息 16% 的歐洲美元債券共二億九千萬美元經由貨幣交換轉換成低成本的瑞士法郎與馬克；相對的，IBM 公司經由與世界銀行的貨幣交換而使本身的馬克與瑞士法郎債務轉換成美元債務，IBM

---

❶ D 公司與 Y 銀行之交換金額如下：

①1988年 9 月 1 日，D 公司應付予 Y 銀行美幣九千八百三十萬元。Y 銀行應付予 D 公司日幣一百四十七億四千五百萬元。

②1989、1990、1991 及 1992 年每年的 9 月 1 日，D 公司應付予 Y 銀行日幣一十億五千萬元，Y 銀行應付予 D 公司美幣一千萬元。

③1993年 9 月 1 日，D 公司應付予 Y 銀行日幣一百六十億五千萬元，Y 銀行應付予 D 公司美幣一億一千萬元。

公司如此做的結果使公司因美元升值（相對馬克與瑞士法郎貶值❶）而
獲得的滙兌利益固定下來，並免除了未到期馬克與瑞士法郎債務的滙率
風險。

　　世界銀行與 IBM 公司間的貨幣交換是第一筆金融交換交易，在有
了貨幣交換交易之後經過一年，利率交換交易才登場。貨幣交換交易雖
是較早發展運用的交換技術與工具，但貨幣交換交易的實際使用和市場
規模卻遠不如較年輕的利率交換交易。 全部交換交易中利率交換約佔
70% 至 80%，可見交換市場是以利率交換爲主。貨幣交換市場的流動
性較小又較不穩定及貨幣交換的風險較大，是貨幣交換交易較不發達的
主要原因。因爲貨幣交換交易規模不大，中介者完成中介的機會較少，
因此中介者多不願持有換滙部位，貨幣交換交易的次級市場很難發展出
來，貨幣交換交易因此都需「定製」，成本當然不便宜。

　　由基本的固定利率對固定利率異種通貨的貨幣交換交易演變而來的
貨幣交換交易有許多種類。在理論上任何一種型式的貨幣交換交易都可
以特別安排， 但在實務上愈是異常的交易愈不容易找到對手， 成本也
愈貴。以下簡單介紹幾種經由基本貨幣交換型態演變而來的貨幣交換交
易。

　　(一) 貨幣利率交換 (Currency Interest Rate Swaps 或 Cur-
rency Coupon Swaps)： 指貨幣交換與利率交換的混合交換交易，
可爲固定對變動利率的貨幣交換交易 (Fixed to Floating Currency
Swaps) 或變動對變動利率的貨幣交換交易 (Floating to Floating
Currency Swaps)，如圖二十八所示：

---

❶　IBM 公司所保有的馬克及瑞士法郎債務是在一九八〇年三月間起債， 當
　　時的馬克滙率（對美元）爲 1:1.9419，至 1981 年 8 月爲 2.4290；瑞士
　　法郎滙率在 1980 年 3 月時爲 4.4569，至 1981 年 8 月時爲 5.2070。相對
　　馬克美元升值了 25%，相對瑞士法郎美元升值了 17%。

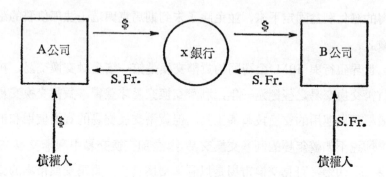

①期初本金互換

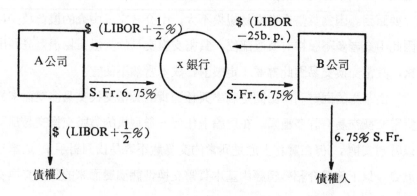

②期間內利息互換

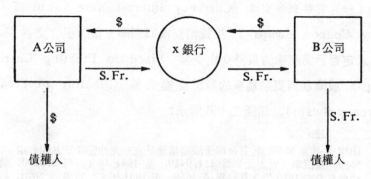

③期末本金互換

圖二十八　貨幣利率交換

（二）交叉交換（Circus Swaps）：指經由兩個以上的交換交易來達成貨幣交換目的的交換交易。如A公司欲將馬克轉換成瑞士法郎時，可經由下述兩種方式之一來達到目的。

①交叉交換（一）

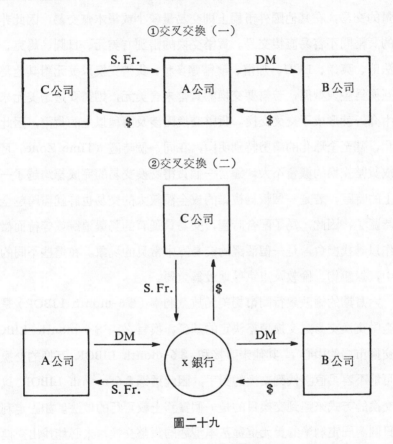

②交叉交換（二）

圖二十九

在以上圖二十九①及二十九②中，美元居於重要的橋樑地位，圖二十九①中A公司以一個馬克（交換支出）對美元（交換收入）的交換交易（對B公司）及另一個美元（交換支出）對瑞士法郎（交換收入）的交換交易（對C公司）來完成馬克（交換支出）對瑞士法郎（交換收入）的貨幣交換。圖二十九②與二十九①相同，只是交易是透過X銀行來仲

介與做成的，較符合實務上的做法。國際間美元是關鍵貨幣，絕大多數
非美元的交易都需透過美元來完成，那是因為美元的市場有足夠的深度
與廣度，使美元的流動性極大，其他的貨幣則大多只在本國市場內有較
大量的交易，在其他國外市場上則交易量較小或根本無交易，因此非美
元的貨幣間不容易直接交易。貨幣交換的幣別有美元、日圓、馬克、瑞
士法郎、英鎊、ECU、加幣、澳幣等多種，貨幣交換以美元對其他幣別
的互換為主要型態，若需要交換的貨幣未含美元，則需要透過美元來居
間中介，就形成了交叉交換。貨幣交換因涉及兩種以上的貨幣，因此國
際化，甚至全球化的趨勢特別明顯，在同一個時區（Time Zone）可能
完成貨幣交換的機會不大，通常一個貨幣交換交易的完成都跨越了一個
以上的時區，若是一個較為複雜的或金額較大的交易也許就需跨越全球
的時區了，因此，為了配合時區，交易員通宵的聯繫追踪或等待而徹夜
工作以尋找機會，是一個活躍的交易室中常見的現象。在這些不同的時
區中，以紐約、倫敦及東京等地最為重要。

　　六月期的倫敦銀行間市場美元放款利率（＄6-month LIBOR）是所
有金融交換交易之交換價格決定的基礎，換言之，＄6-month LIBOR
是交換市場的中心，其他未直接和 ＄6-month LIBOR 互換的交換交
易可能不容易直接找到交換的對手，因此透過＄6-month LIBOR 以交
叉交換的方式來達到交換目的是一個實務上較可行的做法。如固定利率
的日圓對固定利率的美元這種基本型態的貨幣交換，未必能找出交換的
對手來，因此可由以下的方式來做成（以A公司為例）：

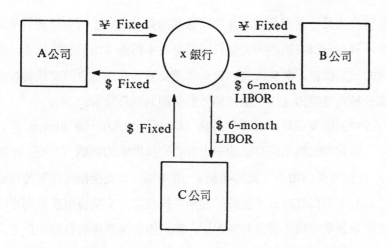

（三）雙重貨幣交換 (Dual Currency Swaps)：

雙重貨幣交換交易是因雙重貨幣債券 (Dual Currency Bonds) 的發行而產生。雙重貨幣債券是一種發行付息與清償採用不同種類貨幣的債券。例如日圓對美元的雙重貨幣債券是以日圓發行及日圓付息，債券到期時則以美元清償，這種債券的投資人需承擔很高的滙率風險，因此通常這種債券是以高收益及清償貨幣升值預期來吸引投資人。一九八五年七月加拿大農業信用合作社發行了期間五年總額一五○億日圓，利息以日圓支付，清償總額爲六千萬美元之雙重貨幣債券，該債券的利率雖較市場利率爲高，但因滙率固定爲 1:250，在當時投資人對美元看跌的心理預期下，銷售情形極差，是一次失敗的策略。一九八五年十月信孚銀行爲日本長期貸款銀行策劃發行了十年期的日圓對美元雙重債券，清償時的滙率固定爲 1:169，當時許多日本投資者認爲日圓的升值不會超過 1:169，因此不少人購買此種債券。投資人購買此種債券除爲賺取優厚的利息外，並希望賺取滙兌利益，但若債券清償時日圓升值超過 1:169 則投資人卽需承擔滙兌損失，換言之，雙重債券的投資人需承擔對滙率預期錯誤的風險，來換取債券的高收益。雙重貨幣交換是將債券的

利息轉換成另一種與償還本金相同種類的貨幣,如上例中日圓對美元的債券,發行者以交換的方式將日圓利息成本轉換成美元利息成本,形成美元的長期債務,嚴格說來,雙重貨幣交換並非典型貨幣交換的型態,視爲一種外滙契約(如一組遠期外滙契約)更爲恰當。

(四)附帶選擇權的貨幣交換 (Currency Option Swaps)

這種貨幣交換允許交換的一方可在交換期間的初期(一至六個月內)任何時間內增加交換的金額,所增加的交換金額使用新的卽期滙率,但利率則仍維持原來所訂的利率,換言之,交換者可在對利率時機滿意而對滙率時機不滿意的情況下,簽訂附帶選擇權的貨幣交換交易,以鎖定利率同時保持等待一個更有利的滙率的機會。

(五)分期攤還的貨幣交換 (Amortizing Swaps):指本金部份分期攤還的貨幣交換,如圖三十。

①期初交換(第 0 年)

A公司	US $ 1, 000, 000 →	B公司
	← NT $ 30, 000, 000	

②期間交換(第 1 至第 4 年)

A公司	← US $ 100, 000	B公司
	NT $ 6, 929, 243 →	

③期末交換(第 5 年)

A公司	← US $ 1, 100, 000	B公司
	NT $ 6, 929, 243 →	

圖三十 分期攤還的貨幣交換

上例中 A 公司與 B 公司間簽訂一個美元對新臺幣固定利率貨幣交換，金額一百萬美元，即期滙率 1:30，美元利率爲年息 10%，新臺幣利率爲 5 ％，美元利息年付一次，美元本金到期一次償還，新臺幣利息與本金每年平均攤還。

（六）偏離市價的貨幣交換 (Off-market Deals)：指貨幣交換的交換價格偏離當時的市場水準，造成對一方特別優惠的情形。這種交換價格的形成經常是因其他原因，例如交換的對手可利用特殊資格或權利取得該國政府的補貼或享有特權；或交換雙方之間除該交換交易外尚存有其他的存款或貸款合約；或交換市場的供需不平衡或預期市場條件將轉變等，無論如何，交換價格若偏離當時的市場水準時，交換者（享受優惠的一方）都需注意有無特別的或額外的風險存在（在信用、稅負、會計或市場條件等各方面)，通常高利潤即表示高風險，畢竟「天下沒有白吃的午餐」。

（七）不交換本金的貨幣交換(Without Exchange of Principle)：指貨幣交換的交易過程中不交換本金（沒有期初與期末的本金交換)，只在交換期間內做利息的互換。對於已經存在的債務，交換者有時會決定不交換本金，只做利息互換。與雙重貨幣交換的只交換利息相同，嚴格說來，該種交換不能被視爲貨幣交換，視爲一種外滙契約（如一組遠期外滙契約）更爲恰當。

（八）逆向貨幣交換 (Currency Unwind Swaps)：指反方向操作原已存在的貨幣交換交易，例如A公司在一九八五年時簽訂一個五年期美元（交換付出）對日圓（交換收入）的交換交易，在一九八六年時反向簽訂一個日圓（交換付出）對美元（交換收入）的交換交易，爲期四年，剛好軋平上一個貨幣交換交易（即二交易所產生之資金流出與流入恰互相抵銷)。逆向貨幣交換交易並不是一種新型態的交換交易，只是

一種操作上的技術。實務上，逆向貨幣交換交易並不普遍，因為貨幣**交換**市場深廣度不夠，流動性不大，市場上的領導者(Marbet Maker)**極**為少見，一般從事貨幣交換交易的中介金融機構，通常是在不承擔交**換**部位的情況下來完成交換業務，換言之，在貨幣交換市場上，中介者多只是單純擔任中介的角色，中介完成的交換交易屬於完全配合的交換交易 (Matched Swaps)，中介者以賺取手續費或差價等服務性收益為目的，不承擔風險。因為貨幣交換交易的流動性不大，次級市場幾乎不存在，因此逆向貨幣操作這種主要目的不在資金調度或避險，而在謀取利潤 (Take Profit) 的部位操作 (Position Trading) 的技術很少發揮的機會。通常逆向操作的交易必須是在一個活潑的市場上（尤其是有活潑的次級市場上）才能發展。

第三節　換滙交易

一、臺北換滙市場（舉例）

　　三月二十八日公司營利事業所得稅繳稅期限將屆，大量的稅款逐漸湧入臺灣銀行（該行代理公庫），臺灣銀行將於四月底將稅款繳庫，在稅款未繳庫以前，臺灣銀行暫時持有這筆新臺幣資金，同時臺灣銀行最近因出國結滙及滙出滙款增加，美金的需求較大，臺灣銀行因此面臨了新臺幣資金有餘而美金資金感覺不足的情況，臺灣銀行的財務人員分析了目前的市場與該行的需求情況得到以下結論：

　　1. 若以新臺幣購買美元：將使銀行持有美元外滙部位，但美元仍然看跌，該行不願增加持有美元外滙部位。

　　2. 若貸放新臺幣並借入美元：受國外負債額度已滿的限制，該行

不能再向國外舉債，而貸放新臺幣又增加放款風險。

　　3. 在外滙市場上進行換滙交易，一方面消化多餘的新臺幣資金，另方面又取得美元資金，同時換滙交易方便，換滙市場有效率。

　　考慮過上述情況後，臺灣銀行決定進行換滙交易，而因爲該行目前是要以新臺幣換取美元（一個月後相反），因此該行要進行的是一個 Buy and Sell（卽買入卽期美元賣出遠期美元）的換滙交易。該行的交易員與經常進行換滙交易，往來關係良好的花旗銀行的交易員間進行了下述的電話對話：

　　臺銀：喂，老張，一個月期 Buy and Sell 的 SWAP Rate 多少?
　　花旗：等一下，馬上算。減 0.0477（卽貼水 0.0477）。
　　臺銀：好，成交。我 Buy Spot US＄10,000,000，滙率是 28.62, Sell
　　　　　Forward 滙率是 28.5723（卽 28.62—0.0477），交割日是三月
　　　　　三十日與四月三十日。
　　花旗：OK, 但是遠期交割日應該是四月二十九日。
　　臺銀：OK, 我在三月三十日付你 NT＄286,200,000，（入帳）花旗臺
　　　　　北分行，四月二十九日付你 US＄10,000,000，（入帳）紐約花
　　　　　旗銀行。
　　花旗：OK, 我在三月三十日付你 US＄10,000,000，（入帳）紐約中國
　　　　　銀行，四月二十九日付你 NT＄285,723,000，（入帳）臺北臺灣
　　　　　銀行。
　　臺銀：好，謝謝。

　　臺灣銀行與花旗銀行經過上面的一通電話卽做成了一筆換滙交易。以臺灣銀行立場，該筆換滙交易是 Buy and Sell（買卽期美元，賣遠期美元），以花旗銀行立場，該筆換滙交換是 Sell and Buy（賣卽期美元，買遠期美元），換言之，對臺灣銀行來說，是以新臺幣交換美元使

用，對花旗銀行來說，是以美元交換新臺幣使用。臺灣銀行與花旗銀行的交易員經由電話做成換滙交易後，接著就需填寫交易的單據。填寫交易的單據有幾個用途：1. 做為本身交易的憑證，2. 寄給對方銀行做為確認交易的憑證。部位紀錄員並需就該有關外滙憑證紀錄一筆即期外滙部位，一筆遠期外滙部位。三月三十日（即期交割日）時，臺灣銀行與花旗銀行分別指示其通滙銀行完成對對方銀行的轉帳付款，至四月二十九日（遠期交割日）時，臺灣銀行與花旗銀行再一次交割，整個的換滙交易過程就告結束。

當臺灣銀行直接打電話給花旗銀行詢問換滙價格時，臺灣銀行並不是依國際慣例向花旗銀行詢問一個月期的換滙價格，臺灣銀行向花旗銀行詢問的是 Buy and Sell 單向的價格，以致花旗銀行回答的也只是單向 Sell and Buy 的價格，花旗銀行報出換滙滙率是貼水，表示這筆換滙交易的遠期滙率比即期滙率低，換言之，遠期滙率是需要用即期滙率來相減的。即期交割日訂為三月三十日，遠期交割日依推算應為四月三十日，但七十七年四月三十日恰為星期六，順延下去就跨入五月份了，因此遠期交割日往前推一天成為四月二十九日❼。

花旗銀行在臺灣銀行詢價時，很快的計算一下然後報出換滙滙率來，花旗銀行的計算方式是：$28.62 \times (7.5\% - 5.5\%) \times \frac{1}{12} = 0.0477$

$\left(換滙滙率 = 即期滙率 \times 利率差距 \times \frac{天數}{360}\right)$。花旗銀行以 0.0477 的換滙

---

❼ 遠期交割日 (Forward Value Date) 通常為即期交割日（即期交割日依國際慣例是買賣完成後的第二個營業日，如本例的換滙交易在三月二十八日完成，則即期交割日為三月三十日）加若干月計算，如遇非銀行營業日則順延一天，惟若順延後將延至下個月時，則依慣例往前倒算一日。遠期交割日也可以雙方約定一個特定的日子或天數，如本例可經雙方約為五月二日或 33 天（亦即五月二日）。

滙率做為換滙的條件， 表示花旗銀行願意付出年息 5.5% 的新臺幣成本經由換滙的方式來取得新臺幣。而臺灣銀行接受此 0.0477 的換滙滙率， 表示臺灣銀行願意付出 2% 的利率差距來取得美元（利率差距＝$\dfrac{換滙滙率}{卽期滙率} \times \dfrac{360}{天數} = \dfrac{0.0477}{28.62} \times 12$），因為換滙滙率為貼水，可知美元利率較新臺幣利率為高，換言之，若臺灣銀行的新臺幣資金成本是 5%，則該筆換滙而來的美元成本卽為 7%。臺灣銀行與花旗銀行在同意雙方的交易條件（金額、滙率、期間）後，交易就做成了，然而雙方仍必須說明互相轉帳付款的銀行，以便在交割日期清算。

在我國換滙市場上以 Buy and Sell 方式進行換滙交易者大都為本國銀行，以 Sell and Buy 方式進行者則大都為外商銀行。前者表示本國銀行多以新臺幣資金交換外滙資金使用，後者表示外商銀行多以外滙資金交換新臺幣資金使用。這種本國銀行與外商銀行對做的情形充份顯示出政府各項有關管制的影響來，本國銀行新臺幣資金來源較豐成本又較低，外商銀行新臺幣資金的成本較高又來源不足，但外商銀行則因其國外總行及國際知名度較高的關係，取得外滙的成本相對較本國銀行為低， 因此本國銀行的新臺幣與外商銀行的外滙構成了很好的交換的機會。

在我國換滙市場上，換滙交易的做成可經由直接方式或間接方式進行。直接方式是一方銀行直接打電話給與其往來情形良好的銀行，要求報價，如上例中臺灣銀行直接打電話給花旗銀行的例子。間接方式則是透過外滙交易中心掛牌的方式。如上例中臺灣銀行假如不採用直接交易方式則可以電話通知外滙交易中心， 告知自己 Buy and Sell 的價格（換滙滙率）、 金額 、 期間等， 外滙交易中心則將臺灣銀行的報價藉路透社及美聯社傳輸出去， 其他銀行在自己交易室的螢幕顯示終端機

(Monitor) 上可以看到這項報價，若有意承做，即電話通知外滙交易中心，由外滙交易中心安排兩銀行直接進行轉帳付款及交割日等細節的敲定。

外滙交易中心接獲銀行的報價後，按銀行報價的先後秩序及報價的高低順序（買價較高或賣價較低者爲優先）接洽交易機會。買賣成交銀行如是直接交易而未經外滙交易中介者，應於交易做成後，將交易的金額、滙率、交割日等交易資料通知外滙交易中心。外滙交易中心負責蒐集，統計資料並提供資料給中央銀行、指定銀行以及大眾傳播工具。

二、國際換滙市場

以上是一個發生在臺北換滙市場上的美元對新臺幣之換滙交易的例子。該例中，有二處地方與國際慣例稍有差別。第一、臺灣銀行向花旗銀行詢價時已經表明其地位是 Buy and Sell。第二、花旗銀行針對臺灣銀行的單向詢價亦只做了單向報價。

依國際慣例，銀行間外滙交易採用雙向報價（Two-way Quotation），也就是說，詢價銀行在交易未做成前並不暴露自己企圖（要買或要賣），僅單純的詢問價格，對方銀行在不知道詢價者企圖的情況下，報出的價格也就包含有買價及賣價，買價和賣價二者的差價（永遠是買價低賣價高）即爲報價銀行的利潤，這種報價的方式稱爲雙向報價。銀行間換滙交易所報的價格即是換滙滙率（詳見第三章第二節），在國際外滙市場上，報價銀行會報出買（表示 Buy and Sell）和賣（表示 Sell and Buy）兩個換滙滙率，然後由詢價銀行決定要買還是要賣（或者不交易，但沒有討價還價的事）。

我國銀行間外滙市場在民國68年2月1日成立，成立以後的初期，外滙買賣僅限於銀行當日與顧客交易後買賣超的拋補，因爲交易結果不

是買超就是賣超（很少剛好軋平），因此銀行的詢價或掛牌也就成爲不是掛賣（若交易結果是買超）就是掛買（若交易結果是賣超）的單向掛牌或單向詢價了❸。嗣後隨著外滙市場規模的逐漸擴大，外滙銀行操作技巧逐漸純熟以後，銀行間交易也不再是單純的拋補性交易（實質交易）了，許多銀行，尤其是外商銀行，在外滙市場上進行金融性交易，以買進賣出價格的不同來賺取利潤（買低賣高），這種金融性交易在 73 年 12 月以後開始在市場上出現，同時這少數幾家進行金融性交易的銀行也開始雙向報價，74年 7 月 2 日在中央銀行的要求下，全體銀行間外滙交易開始採用雙向報價，但也僅是卽期外滙市場上的卽期交易而已。我國外滙市場自 72 年 1 月 14 日開始有第一筆換滙交易起，至今仍習於單向報價方式。

以下試舉一例說明國際外滙市場上的詢價與報價方式：

A 銀行：請問 $/¥ 換滙一個月滙率？

B 銀行：36.4、34.5

上例中A 銀行向 B 銀行詢問美元對日圓之一月期換滙滙率時，並未表示自己的立場， B 銀行不知A 銀行是要買（卽 Buy and Sell）還是要賣（卽 Sell and Buy）， 於是報出 36.4 及 34.5 兩個價格（雙向報價）。

---

❸　買超：指銀行與顧客交易後買入外滙（主要來自出口結滙）大於賣出外滙（主要爲進口結滙）。

賣超：指銀行與顧客交易後賣出外滙大於買入外滙。

　　　若銀行當日與顧客的交易結果爲買超，則銀行的外滙部位會增加，銀行若不欲增加外滙部位（譬如不願承擔臺幣升值——美元貶值的風險或需要新臺幣頭寸等）則必需將多餘的外滙部位在銀行間市場上出售，反之，若銀行當日與顧客的交易結果爲賣超，則銀行的外滙部位會減少，若銀行不想減少外滙部位（如銀行預期美元看漲，或銀行需要美元頭寸或銀行的外滙淨部位已達限額等）則只有在銀行間市場上買入外滙。

由此價格前大後小⑲，A銀行得知B銀行的換滙滙率是貼水，亦卽B銀行的買入價低於卽期滙率36.4點，賣出價則低於卽期滙率34.5點。

當A銀行向B銀行詢價時，B銀行如何決定其價格（卽換滙滙率）呢？假設當時的市場情況是：

1. 卽期滙率（$/¥）：124.90、125.00
2. 美元利率（一個月期）：7.5%－7.4375%
3. 日圓利率（一個月期）：4.125%－4%

B銀行根據上述市場條件計算出換滙滙率如下：

1. Buy and Sell 時（以日圓換美元）

$$Buying\ Swap\ Rate = 124.90 \times (7.5\% - 4\%) \times \frac{1}{12}$$

$$= 0.3643\ (36.4\ 點)$$

2. Sell and Buy 時（以美元換日圓）

$$Selling\ Swap\ Rate = 125.00 \times (7.4375\% - 4.125\%) \times \frac{1}{12}$$

$$= 0.3451\ (34.5\ 點)$$

三、換滙交易的本質與會計處理

換滙交易在外滙市場上被視爲同時買入及賣出一筆交割日不同的外滙，如臺灣銀行在三月三十日買入一千萬美元在四月二十九日賣出（花旗銀行則在三月三十日賣出一千萬美元在四月二十九日買回），臺灣銀

---

⑲ 在外滙市場上，銀行買滙價永遠低於賣滙價，由這個基本定律可以知道銀行的報價是貼水還是升水，而不需明示。假設卽期滙率是 100，在本例中之報價若爲升水，則遠期滙率計算結果爲 136.4—134.50，買入價高於賣出價不合常理，因此可知必爲貼水，卽 63.60—65.50。若爲單向報價就必須明示是加還是減，或升水還是貼水。

行在三月三十日之買滙價爲 28.62（1 美元兑 28.62 新臺幣），在四月二十九日之賣滙價則爲 28.5723⓴，單純從外滙買賣的觀點來看，臺灣銀行因買入價高於賣出價因此產生滙兌損失，但臺灣銀行在三月三十日買入美元後加以運用可以獲得 7.5% 的資金收益，而臺灣銀行若持有新臺幣加以運用只能獲得 5.5% 的資金收益，換言之，臺灣銀行因爲買入

⓴　臺灣銀行與花旗銀行的換滙交易，可以下二圖圖A及圖B表示：

圖A：三月三十日（卽期清算）

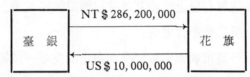

圖B：四月二十九日（遠期清算）

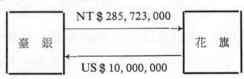

理論上，下述二種遠期清算的方式亦成立：

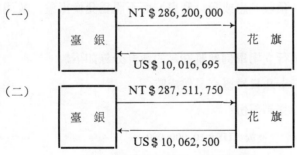

註：請參考第五章第一節換滙價格

　　惟實務上，外滙交易以美元爲中心，如同商品市場上之買賣商品，外滙市場上最主要的商品卽爲美元，在將美元視爲買賣的標的物之一般情形下，實務上，換滙交易就成爲買賣等額美元而以其他貨幣來計價之方式了（如圖A及B）。

美元將獲得較多的（2％）利息收益。綜合觀之，臺灣銀行承做換滙交易的結果，一方面有滙兌損失（外滙交易方面），一方面有利息差價收益（資金運用方面）。本質上，換滙交易產生的滙兌利益（即升水——遠期滙率較即期滙率爲高）或滙兌損失（即貼水——遠期滙率較即期滙率爲低）正是利息差額的補償。如爲滙兌利益（升水）表示在利息方面相對即有損失，升水正是對利息損失的補償；如爲滙兌損失（貼水），表示在利息方面相對即有收益，利息收益正是對貼水的補償。所以，若是忽略換滙交易這種利息上的相互補償，而單純從表面上觀察，將升水或貼水視爲滙兌損益是不合理的。

換滙交易在外滙市場雖與即期交易與遠期交易一樣被視爲外滙的買賣，但本質上換滙交易與即期、遠期交易是完全不同的，換滙交易在會計處理上應被視爲一種相互借貸關係，如臺灣銀行與花旗銀行的換滙交易，是臺灣銀行向花旗銀行借用美元一個月，同時臺灣銀行借予花旗銀行新臺幣一個月（以花旗銀行立場言，是花旗銀行借予臺灣銀行美元一個月，並自臺灣銀行借入新臺幣一個月）。在會計處理上升水或貼水被當做利息處理（預收利息或預付利息）而不視爲兌換損益，較能反映上述的借貸關係。

茲以臺灣銀行立場舉例換滙交易的會計分錄如下：

1. 三月二十八日換滙交易做成時

   (1) 即期交易部份

應收交換款	US $ 10,000,000
兌換	US $ 10,000,000
兌換	NT $ 286,000,000
應付交換款	NT $ 286,000,000

   (2) 遠期交易部份

期收款項　　NT $ 285, 723, 000

預付利息　　　　　477, 000

　兌換　　　　NT $ 286, 200, 000

　兌換　　　US $ 10, 000, 000

　期付款項　US $ 10, 000, 000

2. 三月三十日即期外滙清算時

　銀行存款（存放銀行業）　US $ 10, 000, 000

　　應收交換款　　　　　　US $ 10, 000, 000

　應付交換款　　　　　NT $ 286, 200, 000

　　銀行存款　　　　　NT $ 286, 200, 000

3. 四月二十九日遠期外滙清算時

　銀行存款　　NT $ 285, 723, 000

　　期收款項　　NT $ 285, 723, 000

　期付款項　US $ 10, 000, 000

　　銀行存款　US $ 10, 000, 000

四、換滙交易的主要目的

　　上述臺灣銀行與花旗銀行換滙的例子，是假設臺灣銀行有多餘的新臺幣可供短期運用，同時臺灣銀行又有美元的需求，臺灣銀行以換滙的方式不僅達到了暫時消化多餘的新臺幣資金和取得需要的美元之資金調度目的，同時不承擔任何的滙率風險。換滙交易的本質是兩種通貨的交換使用，因此交換的價格（換滙滙率）是以即期滙率和所交換之兩種資金的利率來計算的，若兩種資金的利率相等，則換滙交易就很單純的是兩種資金互相交換而已，若兩種資金的利率不相等，則需在交換價格中加以補償，形成「升水」或「貼水」的交換價格。全部換滙過程中並未

將換滙期間內滙率的可能變化（升值或貶值）視爲考慮因素，換言之，換滙交易基本上不是用來投機滙率的，這點十分重要。

　　換滙交易的最主要目的是兩種資金的短期交換使用，如同上述臺灣銀行與花旗銀行的例子。在我國的換滙市場上這也是換滙交易做成的最主要原因。

　　除了暫時將一種資金轉換成另一種資金來加以運用是許多換滙交易承做的動機外，在外滙市場上換滙交易還有幾個主要的目的如下：

　　1. 展延已到期的交割日： 如一筆原訂五月三十日交割的買入外滙，可以另一筆 Sell (5/30) and Buy (6/14) 展延原交割日至 6/14。換滙交易的這一功用可使固定到期日的遠期外滙契約成爲任選到期日的遠期外滙契約：「固定到期日遠期外滙契約＋換滙交易＝任選到期日遠期外滙契約」。固定到期日遠期外滙契約成本較低，但彈性不夠，換滙交易可以靈活的展延交割日，調整固定到期日遠期外滙契約的交割日。

　　2. 彌補資金流程中的缺口：外滙市場上一筆外滙交易必涉及兩種以上不同種類資金的交割，各種不同資金的交割日在彙總後必會出現不能完全配合的情形，換言之，在現金流量表上，各種現金進出間常會有長短不一的缺口，稱爲到期日缺口（Maturity Gap），彌補到期日缺口是資金調度人員最重要的工作，換滙交易之交割日極有彈性爲彌補到期日缺口之重要工具。

參 考 書 目

1. *Swap Financing Techniques* (Edited by Boris Antle), Euromoney Publications Limited.

2. *Swap Finance* (Edited by Boris Antle), Euromoney Publications Limited.

3. 李麗《外滙風險管理》，時報出版公司。

4. 李麗《我國外滙市場與滙率制度》，財團法人金融人員研究訓練中心。

Appendix 1: Interest rate exchange agreement

INTEREST RATE EXCHANGE AGREEMENT dated as of 16 September 1985 between _____ (the "Bank") and _____ (the "Counterparty"), whereby the parties agree as follows.

1. *Definitions*. For purposes of this Agreement, the following terms shall have the meanings indicated, and each capitalised term that is used but not defined in this Agreement shall have the meaning given to it in the Code of Standard Wording, Assumptions and Provisions for Swaps, 1985 Edition, as published by the International Swap Dealers Association, Inc. (the "Swaps Code"), without regard to any revision or subsequent edition thereof, as completed, supplemented or amended herein.

Default Rate: Prime, reset daily, plus 2%.

Effective Date: 16 September 1985.

Event of Default: As defined in Section 11.

Fixed Amount: $1,250,000 for each Calculation Period.

Fixed-Rate Payor. The Counterparty.

Floating-Rate Option: LIBOR, with a six-month Designated Maturity.

Reset Dates: The first day of each Calculation Period.

Floating Rate Payer. The Bank.

Notional Amount: $25,000,000.

Payment Dates: 16 March and 16 September. Modified Following Banking Day Convention applies.

Termination Date: 16 September 1988.

2. *Payments*. Payments hereunder shall be made on a Net Payments basis. The obligation of each party to make payments pursuant to this Section is subject to the conditions set forth in Section 10. 2(a) of the Swaps Code.

3. *Calculations*. The Bank shall be the Calculation Agent and,

as such, shall have the responsibilities set forth in Section 4.8 of the Swaps Code. Article 8 and Section 12.6 of the Swaps Code are incorporated herein by reference.

4. *Making of Payments.* All amounts payable hereunder shall be paid in Dollars in accordance with Section 10.1 of the Swaps Code to Account No. _____ at _____, in the case of payments to the Bank, and to Account No. _____ at _____, in the case of payments to the Counterparty, or to such other account in New York City as the party entitled to payment shall have last designated by notice to the other party.

5. *Default Interest.* If any amount due hereunder is not paid when due, interest shall be paid on that amount at the Default Rate, as provided in Section 10.3 of the Swaps Code, and that interest shall be computed on the basis of a 360-day year and actual days elapsed.

6. *Representations and Warranties of Both Parties.* Each of the parties makes the representations and warranties set forth below to the other as of the date hereof.

(a) It is duly organised and validly existing and has the corporate power and authority to execute and deliver this Agreement and to perform its obligations hereunder.

(b) It has taken all necessary action to authorise the execution and delivery of this Agreement and the performance of its obligations hereunder.

(c) All governmental authorisations and actions necessary in connection with its execution and delivery of this Agreement and the performance of its obligations hereunder have been obtained or performed and remain valid and in full force and effect.

(d) This Agreement has been duly executed and delivered by it and constitutes its legal, valid and binding obligation, enforceable against it in accordance with the terms of this Agreement, subject to all applicable bankruptcy, insolvency, moratorium and similar laws affecting creditors' rights generally.

(e) No occurrence or condition that constitutes (or that with the giving of notice or the lapse of time or both would constitute) an Event of Default with respect to it has occurred and is continuing or will occur by reason of its entering into or performing its obligations under this Agreement.

(f) There are no actions, proceedings or claims pending or, to its knowledge, threatened the adverse determination of which might have a materially adverse effect on its ability to perform its obligations under, or affect the validity or enforceability against it of, this Agreement.

7. *Further Representations and Warranties of the Counterparty.* The Counterparty further represents and warrants to the Bank that its financial statements as at 31 December 1984 and as at 31 March 1985 and for the one-year and three-month periods ended on those dates, respectively (copies of which have been furnished to the Bank), are complete and correct, fairly and accurately present its financial condition as at those dates and the results of its operations for those periods, and have been prepared in accordance with generally accepted accounting principles in the United States of America, consistently applied (except insofar as any change in the application thereof is disclosed in those financial statements and was concurred in by the Counterparty's independent public accountants), and there has been no material adverse change in its financial condition since 31 December 1984.

8. *Covenants of Both Parties.* Each of the parties shall give the other notice of any occurrence or condition that constitutes (or that with the giving of notice or the lapse of time or both would constitute) an Event of Default with respect to it, other than an event of a kind referred to in Section 11 (a), not later than the third Banking Day after learning of that occurrence or condition.

9. *Further Covenants of the Counterparty.* So long as the Counterparty has any payment obligations under this Agreement, it shall deliver to the Bank the documents listed below at the times indicated.

(a) As soon as available and in any event on or before the

ninetieth day after the end of each of its fiscal years, a copy of
its annual report for that fiscal year containing financial state-
ments for that fiscal year, prepared in accordance with generally
accepted accounting principles in the United States of America,
consistently applied (except insofar as any change in the appli-
cation thereof is disclosed in those financial statements and con-
curred in by the Counterparty's independent public accountants),
and certified by those independent public accountants as fairly
presenting its financial condition as at the close of that fiscal
year and the results of its operations for that fiscal year.

(b) As soon as available and in any event on or before the
forty-fifth day after the close of each of the first three quarters
of each of its fiscal years, its balance sheet as at the close of
that quarter and its income statement and statement of changes in
financial position for that quarter, prepared in accordance with
generally accepted accounting principles in the United States of
America, consistently applied (except insofar as any change in the
application thereof is disclosed in those financial statements and
concurred in by the Counterparty's independent public account-
ants), and certified by its chief financial officer as fairly pres-
senting its financial condition as at the close of that quarter and
the results of its operations for that quarter.

(c) Promptly after the filing thereof, a copy of any document
or form filed by it pursuant to the disclosure requirements of any
securities regulations applicable to it.

(d) Promptly after the Bank's request, such other infor-
mation respecting the condition or operations, financial or other-
wise, of the Counterparty as the Bank may reasonably request
from time to time.

10. *Closing Documents,* On or before 23 September 1985, the
Counterparty shall deliver to the Bank, in a form satisfactory to
the Bank, (a) a certificate, dated the date of its delivery, of the
Counterparty, executed by a duly authorised officer or represent-
ative of the Counterparty, regarding the name, incumbency and

signature of each person executing this Agreement and any other documents (other than that certificate) delivered in connection herewith on behalf of the Counterparty, (b) certified copies of all documents evidencing the truth and accuracy of the representations and warranties of the Counterparty set forth in subsections (a)-(c) of Section 6 and (c) an opinion of counsel for the Counterparty with respect to the representations and warranties of the Counterparty set forth in Section 6. That opinion may be to the best of that counsel's knowledge insofar as it relates to the Counterparty's representations and warranties set forth in subsections (e) and (f) of Section 6.

11. *Events of Default*. For purposes of this Agreement, the term "Event of Default" shall mean any of the events listed below.

(a) The Defaulting Party (i) fails to pay any amount payable by it hereunder as and when that amount becomes payable and does not remedy that failure on or before the third Banking Day after it occurs or (ii) fails duly to give any notice to be given by it pursuant to Section 8.

(b) The Defaulting Party fails duly to perform any other covenant to be performed by it hereunder and does not remedy that failure on or before the thirtieth day after it receives notice thereof.

(c) Any representation or warranty made by the Defaulting Party in this Agreement proves to have been incorrect, incomplete or misleading in any material respect at the time it was made.

(d) The Defaulting Party (i) is dissolved, (ii) fails or is unable to pay its debts generally as they become due, (iii) makes a general assignment for the benefit of its creditors, (iv) commences or has commenced against it, or consents to commencement against it of, a case in bankruptcy or any other action or proceeding for any other relief under any law affecting creditors' rights that is similar to a bankruptcy law, (v) is the subject of an order for relief or a decree in a case in bankruptcy or any other action or proceeding of a kind described above, if the order or decree is not dismissed or stayed on or before the sixtieth day after it is entered or if any dismissal or stay ceases to remain in effect, or (vi) has a receiver, custodian or similar official appointed for it or any of its property.

(e) The Defaulting Party, without the written consent of the other party to this Agreement, merges or consolidates with or transfers all or a substantial part of its property to any other company.

(f) An event of default (however described) occurs under any agreement or other instrument of the Defaulting Party creating or guaranteeing any indebtedness for money borrowed if, as a result of that event, the aggregate of such indebtedness that is overdue or becomes or is, or may be, duly declared due and payable before it would otherwise have become due and payable exceeds $5,000,000.

(g) An event of default (however described) with respect to the Defaulting Party occurs under any other interest rate exchange agreement or any currency exchange agreement (however denominated) between the parties to this Agreement.

12. *Automatic Termination.* Each of the parties acknowledges that this Agreement constitutes a contract to extend financial accommodations for its benefit. Upon the occurrence of any event of a kind referred to in Section 11 (d) with respect to a party, the obligations of the parties to make further payments pursuant to Section 2 (but not any other payment obligations hereunder) shall terminate automatically, without notice or other formality.

13 *Early Termination Pursuant to Notice.* At any time while an Event of Default (other than an event of a kind referred to in Section 11(d) with respect to the Defaulting Party is continuing, the other party may, in its absolute discretion, designate an Early Termination Date as provided in Section 11.1 of the Swaps Code. The day designated in a notice of termination as the Early Termination Date shall not be before, or more than ten days after, the date the notice of termination is given hereunder. Any notice

of termination given hereunder shall declare the obligations of the parties to make the payments required by Section 2 in respect of each Calculation Period that, but for the early termination, would end after the Early Termination Date to be terminated as of that date, and those obligations (but not any other payment obligations hereunder) shall so terminate.

14. *Payments Upon Early Termination.*

(a) In the event of automatic termination pursuant to Section 12, the parties shall settle on an Indemnification basis their payment obligations in respect of each Calculation Period that, but for that termination, would end after that termination; *provided, however,* that, for purposes of this Section, "Early Termination Date" shall mean the date of the automatic termination and settlement shall occur on demand of the party that is not the Defaulting Party.

(b) In the event of early termination as provided in Section 13, the parties shall settle on an Agreement Value-Limited Two Way Payments basis their payment obligations in respect of each Calculation Period that, but for the early termination, would end after the Early Termination Date and shall, on the Early Termination Date, make all other payments required hereunder, including payments they would be required to make but for any suspension of payments pursuant to Section 2.

15. *Expenses.*

(a) The Counterparty shall reimburse the Bank in Dollars on demand for all reasonable expenses, including, without limitation, fees and expenses of legal counsel, incurred in connection with the preparation, execution and delivery of this Agreement. Section 12.5 of the Swaps Code is incorporated herein by reference.

(b) Each of the parties shall pay, or reimburse the other party for, all stamp, registration, documentation or similar taxes or duties, and any penalties or interest that may be due with respect thereto, that may be imposed in respect of its execution or delivery of this Agreement by any governmental or taxing authority in (i) the jurisdiction of its incorporation or organisation, (ii) the jurisdiction where a branch or office through which it is acting for purposes of this Agreement is located or (iii) the place of its execution of this Agreement.

16. *Arrangement Fee.* The Counterparty shall pay the Bank an arrangement fee of $62,500 on 23 September 1985.

17. *Non-Assignment.* Neither party shall be entitled to assign or transfar its rights or obligations hereunder or any interest herein to any other person or any of its branches or offices without the written consent of the other party, and any purported assignment in violation of this Section shall be void. The parties are acting for purposes of this Agreement through their respective branches or offices specified on the signature page of this Agreement.

18. *Waivers; Rights Not Exclusive.* Section 15.1 of the Swaps Code is incorporated herein by reference. The right to terminate provided for herein is in addition to, and not exclusive of, any other rights, powers, privileges or remedies provided by law.

19. *Interpretation.* The section headings in this Agreement are for convenience of reference only and shall not affect the meaning or construction of any provision hereof.

20. *Notices.* Article 14 of the Swaps Code is incorporated herein by reference. The addresses and telex numbers of the parties for notices are initially as specified on the signature page of this Agreement.

21. *Amendment.* This Agreement may be amended only by an instrument in writting executed by the parties hereto.

22. *Survival.* The obligations of the parties under Section 5 and Section 15 shall survive payment of the obligations of the parties under Section 2 and Section 14 and the termination of their other obligations hereunder.

23. *Jurisdiction; Governing Law.* Article 13 and Section 15.3 of the Swaps Code are incorporated herein by reference.

24. *Counterparts; Integration of Terms.* Section 15.2 of the Swaps Code is incorporated herein by reference. This Agreement contains

---

the entire agreement between the parties relating to the subject matter hereof and supersedes all oral statements and prior writings with respect thereto.

In WITNESS WHEREOF, the parties have caused this Agreement to be duly executed and delivered by their officers or representatives duly authorised for the purpose in New York City as of the day and year first above written.

[THE BANK]
By: _____
Title: _____
Address:
_____
_____
Telex: _____

[THE COUNTERPARTY]
By: _____
Title: _____
Address:
_____
_____
Telex: _____

Appendix 2: Currency exchange agreement

CURRENCY EXCHANGE AGREEMENT dated as of 16 September 1985 between _____ (the "Bank") and _____ (the "Counterparty"), whereby the parties agree as follows.

1. *Definitions.* For purposes of this Agreement, the following terms shall have the meanings indicated.

"Banking Day" means a day on which banks are not required or authorised by law to close in New York City or Zurich.

"Contractual Currency" has the meaning given to that term in Section 20.

"Damages", with respect to each party, means an amount determined by (a) finding the sum of the respective present values (expressed in Dollars and determined as provided below) of all the amounts scheduled to be paid to that party pursuant to Section 2 after the Early Termination Date and (b) subtracting from that sum the sum of the respective present values (so expressed and determined) of all the amounts scheduled to be paid by that party pursuant to Section 2 after the Early Termination Date. For purposes of this definition, the present value of any amount payable by or to either party shall be determined by discounting that amount from the date it was scheduled to be paid pursuant to Section 2 to the Early Termination Date at a rate per annum equal to the yield to maturity on the Early Termination Date of securities issued by the government of the country that issues the relevant currency, denominated in that currency and maturing on the date that amount was scheduled to be paid pursuant to Section 2, or if there are no such securities maturing on that due date, maturing on the closest day after that scheduled due date on which there are such securities maturing. The equivalent in Dollars of any amount in Swiss Frances shall

be computed at the spot rate at which the Bank would offer to sell Dollars for Swiss Francs in the London foreign exchange market at approximately 11:00 a.m. (London time) on the Early Termination Date.

"*Defaulting Party*" has the meaning given to that term in Section 10.

"*Dollars*" *or* " $ " means lawful money of the United States.

"*Early Termination Date*" has the meaning given to that term in Section 11(c).

"*Event of Default*" has the meaning given to that term in Section 10.

"*Swiss Frauds*" *or* "*SFr*" means lawful money of Switzerland.

"*Taxes*", with respect to payments hereunder by either party, means any present or future taxes, levies, imposts, duties or charges of any nature whatsoever that are collectible by withholding; *provided, however*, that "Taxes" shall not include any such tax, levy, impost, duty or charge that would not have been imposed but for the existence of a connection between the party receiving the payment and the jurisdiction where it is imposed.

"*United States*" means the United States of America.

2. *Exchanges*, (a) On the terms and subject to the conditions set forth herein, on 16 September 1985, the Counterparty shall pay the Bank SFr 200,000,000, and, subject to receipt of that payment, the Bank shall pay the Counterparty $ 85,000,000.

(b) On the terms and subject to the conditions set forth herein, (i) on 16 September of each year from 1986 to 1994, inclusive, the Counterparty shall pay $ 9,350,000 to the Bank and, subject to receipt of that payment, the Bank shall pay the Counterparty SFr 11,000,000: and (ii) on 16 September 1995, the Counterparty shall pay $ 94,350,000 to the Bank and, subject to receipt of that payment, the Bank shall pay the Counterparty SFr 211,000,000: *provided, however*, that if any such date is not a Banking Day, any payments hereunder stated to be due on that date shall be paid on the following Banking Day.

(c) The obligation of each party to make each payment to be made by it pursuant to this Section is subject to the condition that no occurrence or condition that constitutes (or that with the giving of notice or the lapse of time or both would constitute) an Event of Default with respect to the other party shall have occurred and be continuing.

3. *Making of Payments.* All amounts payable hereunder shall be paid in immediately available funds to the account specified for payments in the relevant currency to the intended recipient in Exhibit I, or to such other account in the same city as such party may have last specified by notice to the other party.

4. *Default Interest.* If any amount in Dollars due hereunder is not paid when due, interest shall accrue on that amount at a rate per annum equal for each day that amount remains unpaid to the sum of 2% and the rate of interest (expressed as an annual rate) publicly announced by the Bank as its prime rate in New York City in effect for that day. If any amount in Swiss Francs due hereunder is not paid when due, interest shall accrue on that amount at a rate per annum equal for each day that amount remains unpaid to the sum of 2% and the rate of interest (expressed as an annual rate) quoted by the principal Zurich office of the Bank for overnight call deposits in Swiss Francs, in an amount substantially equal to that overdue amount, for value on that day. Interest hereunder shall be computed on the basis of actual days elapsed and a year of 360 days and shall be payable from time to time on demand.

5. *Supervening Illegality.* If it becomes unlawful for either party to make any payment to be made by it hereunder, or to receive any amount to be received by it hereunder, as a result of the adoption of, or any change in, or change in the interpretation of, any law, regulation or treaty, such party shall give notice to that effect to the other party and shall use its best efforts (a) to assign or transfer its rights and obligations hereunder, subject to Section 14, to another of its branches or offices or to any leading

participant in the currency exchange market, that may lawfully make such payments and receive such amounts hereunder and to which payments may be made hereunder without withholding for or on account of Taxes or (b) to agree with the other party to modify this Agreement or change the method of payment hereunder so that the payment or receipt will not be unlawful. If an assignment or agreement is not made hereunder on or before the tenth day after that notice is given, the party affected by the supervening illegality shall forthwith give notice of termination as provided in Section 11(c).

6. *Taxes.*

(a) Except as otherwise required by law, each payment hereunder shall be made without withholding for or on account of Taxes. If either party is required to make any withholding from any payment under this Agreement for or on account of Taxes, it shall (i) make that withholding, (ii) make timely payment of the amount withheld to the appropriate governmental authority, (iii) forthwith pay the other party such additional amount as may be necessary to ensure that the net amount actually received by it free and clear of Taxes (including any Taxes on the additional amount) is equal to the amount that it would have received had no Taxes been withheld and (iv) on or before the thirtieth day after payment, send that other party the original or a certified copy of an official tax receipt evidencing such payment: *provided, however,* that if the representations set forth in Section 7(g) with respect to a party prove to have been incorrect when made or a party fails to perform or observe its covenant set forth in Section 8(b), the other party shall be under no obligation to pay any additional amount hereunder to the extent that the withholding would not have been required if the representation had been correct or if the failure had not occurred (as the case may be).

(b) If either party would be required to make any withholding for or on account of Taxes and pay any additional amount as provided in Section 6(a) with respect to any payment to be made by it in accordance with Section 2, it shall give notice to that effect to the other party and shall use its best efforts (i) to assign or transfer its rights and obligations under this Agreement, subject to Section 14, to another of its branches or offices or to any leading participant in the currency exchange market that may lawfully make and receive those payments and that may make and receive those payments without withholding for or on account of Taxes or (ii) to agree with the other party to modify this Agreement or change the method of payment hereunder so that those payments will not be subject to the withholding. If an assignment or agreement is not made as provided herein on or before the tenth day after that notice is given, the party required to make the withholding may give notice of termination as provided in Section 11(c).

7. *Representations and Warranties of Both Parties.* Each of the parties makes the representations and warranties set forth below to the other as of the date hereof.

(a) It is duty organised and validly existing and has the corporate power and authority to execute and deliver this Agreement and to perform its obligations hereunder.

(b) It has taken all necessary action to authorise the execution and delivery of this Agreement and the performance of its obligations hereunder.

(c) All governmental authorisations and actions necessary in connection with its execution and delivery of this Agreement and the performance of its obligations hereunder have been obtained or performed and remain valid and in full force and effect.

(d) This Agreement has been duly executed and delivered by it and constitutes its legal, valid and binding obligation, enforceable against it in accordance with the terms of this Agreement, subject to all applicable bankruptcy, insolvency, moratorium and similar laws affecting creditors' rights generally.

(e) No occurrence or condition that constitutes (or that with the giving of notice or the lapse of time or both would constitute) an Event of Default with respect to it has occurred and is continuing or will occur by reason of its entering into or performing its obligations under this Agreement.

(f) There are no actions, proceedings or claims pending or, to its knowledge, threatened the adverse determination of which might have a materially adverse effect on its ability to perform its obligations under, or affect the validity or enforceability against it of, this Agreement.

(g) The Counterparty represents and warrants that it qualifies as a resident of _____ for purposes of the income tax convention between _____ and the United States, and that it is fully eligible for the benefits of that convention with respect to all payments receivable by it hereunder; and the Bank represents and warrants that it qualifies as a resident of the United States for purposes of that convention and is fully eligible for those benefits with respect to all payments receivable by it hereunder.

8. *Covenants of Both Parties.*

(a) Each of the parties shall give the other notice of any occurrence or condition that constitutes (or that with the giving of notice or the lapse of time or both would constitute) an Event of Default with respect to it, other than one referred to in Section 10(a), not later than the third Banking Day after learning of that occurrence or condition.

(b) If either party is required at any time to execute any form or document (including, without limitation, Internal Revenue Service Form 1001) in order for payments to it hereunder to qualify for exemption from withholding for or on account of Taxes or to qualify for such withholding at a reduced rate, that party shall, on demand, execute the required form or document and deliver it to the party required to make those payments.

9. *Closing Documents.* On or before 23 September 1985, the Counterparty shall deliver to the Bank (a) Internal Revenue Service Form 1001, completed and executed, and (b) written

acceptance by _____ of its appointment as the Counterparty's process agent pursuant to Section 21.

10. *Events of Default.* For purposes of this Agreement, the term "Event of Default" shall mean any of the events listed below in respect of a party (the "Defaulting Party").

(a) The Defaulting Party (i) fails to pay any amount payable by it hereunder as and when that amount becomes payable and does not remedy that failure on or before the third Banking Day after it occurs or (ii) fails duly to give any notice to be given by it pursuant to Section 8(a).

(b) The Defaulting Party fails duly to perform any other covenant to be performed by it hereunder and does not remedy that failure on or before the thirtieth day after it receives notice thereof.

(c) Any representation or warranty made by the Defaulting Party in this Agreement proves to have been incorrect, incomplete or misleading in any material respect at the time it was made.

(d) The Defaulting Party (i) is dissolved. (ii) fails or is unable to pay its debts generally as they become due, (iii) makes a general assignment for the benefit of its creditors, (iv) commences or has commenced against it, or consents to commencement against it of, any action or proceeding for relief under any bankruptcy or insolvency law or any law affecting creditors' rights that is similar to a bankruptcy or insolvency law, (v) is the subject of an order for relief or a decree in any such action or proceeding, if the order or decree is not dismissed, stayed or terminated on or before the sixtieth day after it is entered or if any dismissal or stay ceases to remain in effect, or (vi) has a receiver, custodian or similar official appointed for it or any of its property.

(e) The Defaulting Party merges or consolidates with or transfers all or a substantial part of its assets to any other company without the written consent of the other party to this Agreement.

(f) An event of default (however described) occurs under any agreement or other instrument of the Defaulting Party creating, securing or guaranteeing any indebtedness for money borrowed if, as a result of that event, the aggregate of such indebtedness that is overdue or becomes or is, or may be, duly declared due and payable before it would otherwise have become due and payable exceeds $ 5,000,000 or the equivalent in any currency or currencies.

(g) An event of default (however described) with respect to the Defaulting Party occurs under any other currency exchange agreement or any interest rate exchange agreement (however denominated) between the parties to this Agreement.

11. *Early Termination.*

(a) At any time while an Event of Default with respect to the Defaulting Party is continuing, the other party may, in its absolute discretion, give notice of termination as provided in Section 11(c).

(b) If either party gives notice of supervening illegelity, under the circumstances described in Section 5 it shall give notice of termination as provided in Section 11(c). If a party is required to pay any additional amount pursuant to Section 6, it may give notice of termination as provided in Section 11(c).

(c) Any notice of termination pursuant to Section 11(a) or Section 11(b) shall state the grounds for termination and shall declare the obligations of the parties to make the payments required by Section 2 that are scheduled to be made after that notice is given to be terminated as of the termination date (the "Early Termination Date") specified in that notice (which date shall not be before, or more than ten days after, the date that notice is given), and those obligations (but not any other payment obligations hereunder) shall so terminate.

12. *Payments upon Early Termination.*

(a) If notice of termination is given hereunder on the ground of an Event of Default, the Defaulting Party shall pay the other party that other party's Damages.

(b) If either party gives notice of termination on a ground referred to in Section 11(b), each party shall pay the other one half the other's Damages (if any) and, if it would benefit from any gain as a result of the termination, it shall also pay over to the other party one half of that gain. For purposes of this Section, the amount (if any) of a party's gain shall be any negative amount determined as provided for determining Damages for that party.

(c) Any party entitled to be paid any amount in accordance with this Section shall submit to the other party a statement in reasonable detail of that amount.

(d) All amounts payable pursuant to this Section shall be paid in Dollars on the Early Termination Date, together with any other sums due hereunder.

13. *Costs and Expenses.*

(a) Each of the parties shall pay, or reimburse the other party for, all stamp, registration, documentation or similar taxes or duties, and any penalties or interest that may be due with respect thereto, that may be imposed in respect of its execution or delivery of this Agreement by any governmental or taxing authority.

(b) Each of the parties shall pay or reimburse the other on demand for all reasonable costs and expenses incurred by the other in connection with the enforcement of this Agreement against the paying party or as a consequence of an Event of Default with respect to the paying party, including, without limitation, fees and expenses of legal counsel.

14. *Non-Assignment.* Neither party shall be entitled to assign or transfer its rights or obligations hereunder or any interest herein to any other person or any of its other branches or offices without the written consent of the other party, and any purported assignment in violation of this Section shall be void. The parties are acting for purposes of this Agreement through their respective

branches or offices specified in Exhibit I.

15. *Waivers; Rights Not Exclusive.* No failure or delay by a party in exercising any right hereunder shall operate as a waiver of, or impair, any such right. No single or partial exercise of any such right shall preclude any other or further exercise thereof or the exercise of any other right. No waiver of any such right shall be effective unless given in writing. No waiver of any such right shall be deemed a waiver of any other right hereunder. The right to terminate provided for herein is in addition to, and not exclusive of, any other rights, powers, privileges or remedies provided by law.

16. *Interpretation.* The section headings in this Agreement are for convenience of reference only and shall not affect the meaning or construction of any provision hereof.

17. *Notices.* All notices in connection with this Agreement shall be given by telex or cable or by notice in writing hand-delivered or sent by facsimile transmission or by airmail, postage prepaid. All such notices shall be sent to the telex or telecopier number or address (as the case may be) specified for the intended recipient in Exhibit I, (or to such other number or address as that recipient may have last specified by notice to the other party) and shall be sent with copies as indicated therein. All such notices shall be effective upon receipt, and confirmation by answerback of any such notice so sent by telex shall be sufficient evidence of receipt thereof.

18. *Amendments.* This Agreement may be amended only by an instrument in writing executed by the parties hereto.

19. *Survival.* The obligations of the parties under Section 6 and Section 13 shall survive payment of the obligations of the parties under Section 2 and Section 4 and the termination of their other obligations hereunder.

20. *Currency.* Each reference in this Agreement to any currency (the "Contractual Currency") is of the essence. Except as otherwise provided in Section 12(d), the obligation of each of the parties in

respect of any amount due under this Agreement shall, notwithstanding any payment in any other currency (whether pursuant to a judgment or otherwise), be discharged only to the extent of the amount in the Contractual Currency that the party entitled to receive that payment may, in accordance with normal banking procedures, purchase with the sum paid in such other currency (after any premium and costs of exchange) on the Banking Day immediately following the day on which that party receives that payment. If the amount in the Contractual Currency that may be so purchased for any reason falls short of the amount originally due, the party required to make that payment shall pay such additional amounts, in the Contractual Currency, as may be necessary to compensate for that shortfall. Any obligation of that party not discharged by that payment shall be due as a separate and independent obligation and, until discharged as provided herein, shall continue in full force and effect.

21. *Jurisdiction: Governing Law; Immunity.*

(a) Any action or proceeding relating in any way to this Agreement may be brought and enforced in the courts of the State of New York or of the United States for the Southern District of New York, and the Counterparty irrevocably submits to the jurisdiction of each such court in connection with any such action or proceeding. The Counterparty hereby irrevocably appoints _____, which maintains an office in New York City on the date hereof at _____, as its agent to receive service of process or other legal summons in connection with any such action or proceeding. So long as the Counterparty has any obligation under this Agreement, it shall maintain a duly appointed agent in New York City for service of such process or other summons, and if it fails to maintain such an agent, any such process or other summons may be served by mailing a copy thereof by certified or registered mail, or any substantially similar form of mail, addressed to the Counterparty as provided for notices hereunder. Any such process or other summons may be served on the Bank by mailing a copy thereof by certified or registered mail, or any substantially similar form of mail, addressed to the Bank as provided for notices hereunder. The Counterparty irrevocably waives to the fullest extent permitted by applicable law all immunity (whether on the basis of sovereignty or otherwise) from jurisdiction, attachment (both before and after judgment) and execution to which it might otherwise be entitled in any such action or proceeding and in any action or proceeding related in any way to this Agreement in the courts of any other country or jurisdiction.

(b) This Agreement shall be governed by, and construed in accordance with, the law of the State of New York.

22. *Counterparts; Integration of Terms.* This Agreement may be executed in counterparts, and the counterparts taken together shall be deemed to constitute one and the same agreement. This Agreement contains the entire agreement between the parties relating to the subject matter hereof and supersedes all oral statements and prior writings with respect thereto.

IN WITNESS WHEREOF the parties have caused this Agreement to be duly executed and delivered in New York City as of the day and year first written above.

[THE BANK]   [THE COUNTERPARTY]

By: _____   By: _____

Title: _____   Title: _____

Exhibit I Addresses for notices and accounts for payments

[THE BANK]
Address: _____

_____

_____

Attention: _____
Telex No.: _____
Account for Payments in Swiss Francs
Account No.: _____
Depositary: _____
　　　　　Zurich, Switzerland
Account for Payments in Dollars
Account No.: _____
Depositary: _____
　　　　　New York, New York
[THE COUNTERPARTY]
Address: _____

_____

_____

Attention: _____
Telex No.: _____
Account for Payments in Swiss Francs
Account No.: _____
Depositary: _____
　　　　　Zurich, Switzerland
Account for Paymants in Dollars
Account No.: _____
Depositary: _____
　　　　　New York, New York

漢英名詞對照索引

英漢名詞對照索引

三民大專用書 (十)

書　　　　　名	著　作　人	任　　　職
日　　本　　史	林　明　德	師　範　大　學
美　洲　地　理	林　鈞　祥	師　範　大　學
非　洲　地　理	劉　鴻　喜	師　範　大　學
自　然　地　理　學	劉　鴻　喜	師　範　大　學
聚　落　地　理　學	胡　振　洲	中　國　海　專
海　事　地　理　學	胡　振　洲	中　國　海　專
經　濟　地　理	陳　伯　中	臺　灣　大　學
都　市　地　理　學	陳　伯　中	臺　灣　大　學
修　　辭　　學	黃　慶　萱	師　範　大　學
中　國　文　學　概　論	尹　雪　曼	中　國　文　化　大　學
新　編　中　國　哲　學　史	勞　思　光	香　港　中　文　大　學
中　國　哲　學　史	周　世　輔	政　治　大　學
中　國　哲　學　發　展　史	吳　　怡	美國舊金山亞洲研究所
西　洋　哲　學　史	傅　偉　勳	美國費城州立天普大學
西　洋　哲　學　史　話	鄔　昆　如	臺　灣　大　學
邏　　　　輯	林　正　弘	臺　灣　大　學
邏　　　　輯	林　玉　體	師　範　大　學
符　號　邏　輯　導　論	何　秀　煌	香　港　中　文　大　學
人　　生　　哲　　學	黎　建　球	輔　仁　大　學
思　想　方　法　導　論	何　秀　煌	香　港　中　文　大　學
如　何　寫　學　術　論　文	宋　楚　瑜	臺　灣　大　學
論　文　寫　作　研　究	段家鋒孫正豐張世賢等人	各　　大　　學
語　言　學　概　論	謝　國　平	師　範　大　學
奇　妙　的　聲　音	鄭　秀　玲	師　範　大　學
美　　　　學	田　曼　詩	中　國　文　化　大　學
植　物　生　理　學	陳　昇　明　譯	中　興　大　學
建　築　結　構　與　造　型	鄭　茂　川	中　興　大　學

書　　　　　名	著　作　人	任　　　職
初 級 會 計 學 (下)	洪　國　賜	淡　水　工　商
中 級 會 計 學	洪　國　賜	淡　水　工　商
中　等　會　計	薛光圻 張鴻春	美國西東大學 臺 灣 大 學
中 等 會 計 (下)	張　鴻　春	臺　灣　大　學
商 業 銀 行 實 務	解　宏　賓	中　興　大　學
財 務 報 表 分 析	李　祖　培	中　興　大　學
財 務 報 表 分 析	洪國賜 盧聯生	淡水工商 中興大學
審　　計　　學	殷文俊 金世朋	政　治　大　學
投　　資　　學	龔　平　邦	逢　甲　大　學
財　務　管　理	張　春　雄	政　治　大　學
財　務　管　理	黃　柱　權	政　治　大　學
公　司　理　財	黃　柱　權	政　治　大　學
公　司　理　財	劉　佐　人	前中興大學教授
統　　計　　學	柴　松　林	政　治　大　學
統　　計　　學	劉　南　溟	前臺灣大學教授
統　　計　　學	楊　維　哲	臺　灣　大　學
統　　計　　學	張　浩　鈞	臺　灣　大　學
推 理 統 計 學	張　碧　波	銘　傳　商　專
商 用 統 計 學	顏　月　珠	臺　灣　大　學
商 用 統 計 學	劉　一　忠	美國舊金山州立大學
應 用 數 理 統 計 學	顏　月　珠	臺　灣　大　學
中　國　通　史	林　瑞　翰	臺　灣　大　學
中 國 現 代 史	李　守　孔	臺　灣　大　學
中 國 近 代 史	李　守　孔	臺　灣　大　學
中 國 近 代 史	李　雲　漢	政　治　大　學
黃 河 文 明 之 光	姚　大　中	東　吳　大　學
古 代 北 西 中 國	姚　大　中	東　吳　大　學
南 方 的 奮 起	姚　大　中	東　吳　大　學
中 國 世 界 的 全 盛	姚　大　中	東　吳　大　學
近 代 中 國 的 成 立	姚　大　中	東　吳　大　學
近 代 中 日 關 係 史	林　明　德	師　範　大　學
西 洋 現 代 史	李　邁　先	臺　灣　大　學
英　國　史　綱	許　介　鱗	臺　灣　大　學
印　　度　　史	吳　俊　才	政　治　大　學

三民大專用書 (八)

書　　　名	著作人	任　職
貿易英文實務	張錦源	交通大學
海關實務	張俊雄	淡江大學
貿易貨物保險	周詠棠	中央信託局
國際匯兌	林邦充	輔仁大學
信用狀理論與實務	蕭啟賢	輔仁大學
美國之外匯市場	于政長	東吳大學
外匯、貿易辭典	于政長	東吳大學
國際商品買賣契約法	鄧越今	前外貿協會處長
保險學	湯俊湘	中興大學
人壽保險學	宋明哲	德明商專
人壽保險的理論與實務	陳雲中	臺灣大學
火災保險及海上保險	吳榮清	中國文化大學
商用英文	程振粵	臺灣大學
商用英文	張錦源	交通大學
國際行銷管理	許士軍	新加坡大學
國際行銷	郭崑謨	中興大學
市場學	王德馨	中興大學
線性代數	謝志雄	東吳大學
商用數學	薛昭雄	政治大學
商用數學	楊維哲	臺灣大學
商用微積分	何典恭	淡水工商
微積分	楊維哲	臺灣大學
微積分（上）	楊維哲	臺灣大學
微積分（下）	楊維哲	臺灣大學
大二微積分	楊維哲	臺灣大學
機率導論	戴久永	交通大學
銀行會計	李兆萱　金桐林	臺灣大學
會計學	幸世間	臺灣大學
會計學	謝尚經	專業會計師
會計學	蔣友文	臺灣大學
成本會計	洪國賜	淡水工商
成本會計	盛禮約	政治大學
政府會計	李增榮	政治大學
政府會計	張鴻春	臺灣大學
初級會計學	洪國賜	淡水工商

三 民 大 專 用 書 (七)

書　　　　　名	著　作　人	任　　　　　職
經 濟 學 導 論	徐 育 珠	美國南康涅狄克州立大學
通 俗 經 濟 講 話	邢 慕 寰	前香港中文大學教授
經 濟 政 策	湯 俊 湘	中　興　大　學
比 較 經 濟 制 度	孫 殿 柏	政　治　大　學
總 體 經 濟 學	鍾 甦 生	西雅圖銀行臺北分行協理
總 體 經 濟 理 論	孫 震	臺　灣　大　學
總 體 經 濟 分 析	趙 鳳 培	政　治　大　學
個 體 經 濟 學	劉 盛 男	臺　北　商　專
合 作 經 濟 概 論	尹 樹 生	中　興　大　學
農 業 經 濟 學	尹 樹 生	中　興　大　學
西 洋 經 濟 思 想 史	林 鐘 雄	臺　灣　大　學
歐 洲 經 濟 發 展 史	林 鐘 雄	臺　灣　大　學
凱 因 斯 經 濟 學	趙 鳳 培	政　治　大　學
工 程 經 濟	陳 寬 仁	中 正 理 工 學 院
國 際 經 濟 學	白 俊 男	東　吳　大　學
國 際 經 濟 學	黃 智 輝	東　吳　大　學
貨 幣 銀 行 學	白 俊 男	東　吳　大　學
貨 幣 銀 行 學	何 偉 成	中 正 理 工 學 院
貨 幣 銀 行 學	楊 樹 森	中 國 文 化 大 學
貨 幣 銀 行 學	李 穎 吾	臺　灣　大　學
貨 幣 銀 行 學	趙 鳳 培	政　治　大　學
現 代 貨 幣 銀 行 學	柳 復 起	澳洲新南威爾斯大學
商 業 銀 行 實 務	解 宏 賓	中　興　大　學
現 代 國 際 金 融	柳 復 起	澳洲新南威爾斯大學
國 際 金 融 理 論 與 制 度	歐陽勛 黃仁德	政　治　大　學
財 政 學	李 厚 高	前臺灣省財政廳廳長
財 政 學	林 華 德	臺　灣　大　學
財 政 學 原 理	魏 萼	臺　灣　大　學
貿 易 慣 例	張 錦 源	交　通　大　學
國 際 貿 易	李 穎 吾	臺　灣　大　學
國 際 貿 易 實 務 詳 論	張 錦 源	交　通　大　學
國 際 貿 易 法 概 要	于 政 長	東　吳　大　學
國 際 貿 易 理 論 與 政 策	歐陽勛 黃仁德	政　治　大　學
國 際 貿 易 政 策 概 論	余 德 培	東　吳　大　學
貿 易 契 約 理 論 與 實 務	張 錦 源	交　通　大　學

三 民 大 專 用 書 (六)

書　　　名	著　作　人	任　　職
社 會 心 理 學 理 論	張 華 葆	東　海　大　學
新 聞 英 文 寫 作	朱 耀 龍	中 國 文 化 大 學
傳 播 原 理	方 蘭 生	中 國 文 化 大 學
傳 播 研 究 方 法 總 論	楊 孝 濚	東　吳　大　學
大 眾 傳 播 理 論	李 金 銓	美 國 明 尼 蘇 達 大 學
大 眾 傳 播 新 論	李 茂 政	政　治　大　學
大 眾 傳 播 與 社 會 變 遷	陳 世 敏	政　治　大　學
行 爲 科 學 與 管 理	徐 木 蘭	交　通　大　學
國 際 傳 播	李 　 瞻	政　治　大　學
國 際 傳 播 與 科 技	彭 　 芸	政　治　大　學
組 織 傳 播	鄭 瑞 城	政　治　大　學
政 治 傳 播 學	祝 基 瀅	美 國 加 利 福 尼 亞 州 立 大 學
文 化 與 傳 播	汪 　 琪	政　治　大　學
廣 播 與 電 視	何 貽 謀	政　治　大　學
廣 播 原 理 與 製 作	于 洪 海	輔　仁　大　學
電 影 原 理 與 製 作	梅 長 齡	前 中 國 文 化 大 學 教 授
新 聞 學 與 大 眾 傳 播 學	鄭 貞 銘	中 國 文 化 大 學
新 聞 採 訪 與 編 輯	鄭 貞 銘	中 國 文 化 大 學
新 聞 編 輯 學	徐 　 昶	臺 灣 新 生 報
採 訪 寫 作	歐 陽 醇	師　範　大　學
評 論 寫 作	程 之 行	紐 約 日 報 總 編 輯
小 型 報 刊 實 務	彭 家 發	政　治　大　學
廣 告 學	顏 伯 勤	輔　仁　大　學
中 國 新 聞 傳 播 史	賴 光 臨	政　治　大　學
中 國 新 聞 史	曾 虛 白 主 編	總 統 府 國 策 顧 問
世 界 新 聞 史	李 　 瞻	政　治　大　學
新 聞 學	李 　 瞻	政　治　大　學
媒 介 實 務	趙 俊 邁	中 國 文 化 大 學
電 視 與 觀 眾	曠 湘 霞	新 聞 局 廣 電 處 處 長
電 視 新 聞	張 　 勤	中 視 新 聞 部
電 視 制 度	李 　 瞻	政　治　大　學
新 聞 道 德	李 　 瞻	政　治　大　學
數 理 經 濟 分 析	林 大 侯	臺　灣　大　學
計 量 經 濟 學 導 論	林 華 德	臺　灣　大　學
經 濟 學	陸 民 仁	政　治　大　學
經 濟 學 原 理	歐 陽 勛	政　治　大　學

三民大專用書 (五)

書　　　　名	著　作　人	任　　　職
教　育　心　理　學	溫　世　頌	美國傑克遜州立大學
教　育　哲　學	賈　馥　茗	師　範　大　學
教　育　哲　學	葉　學　志	國立臺灣教育學院
教　育　經　濟　學	蓋　浙　生	師　範　大　學
教　育　經　濟　學	林　文　達	政　治　大　學
教　育　財　政　學	林　文　達	政　治　大　學
工　業　教　育　學	袁　立　錕	國立臺灣教育學院
家　庭　教　育	張　振　宇	淡　江　大　學
當　代　教　育　思　潮	徐　南　號	師　範　大　學
比　較　國　民　教　育	雷　國　鼎	師　範　大　學
中　國　教　育　史	胡　美　琦	中　國　文　化　大　學
中　國　國　民　教　育　發　展　史	司　　　琦	政　治　大　學
中　國　現　代　教　育　史	鄭　世　興	師　範　大　學
社　會　教　育　新　論	李　建　興	師　範　大　學
教　育　與　人　生	李　建　興	師　範　大　學
中　等　教　育	司　　　琦	政　治　大　學
中　國　體　育　發　展　史	吳　文　忠	師　範　大　學
中　國　大　學　教　育　發　展　史	伍　振　鷟	師　範　大　學
中　國　職　業　教　育　發　展　史	周　談　輝	師　範　大　學
中　國　社　會　教　育　發　展　史	李　建　興	師　範　大　學
技　術　職　業　教　育　行　政　與　視　導	張　天　津	師　範　大　學
技　職　教　育　測　量　與　評　鑑	李　大　偉	師　範　大　學
技　術　職　業　教　育　教　學　法	陳　昭　雄	師　範　大　學
技　術　職　業　教　育　辭　典	楊　朝　祥	師　範　大　學
高　科　技　與　技　職　教　育	楊　啟　棟	師　範　大　學
工　業　職　業　技　術　教　育	陳　昭　雄	師　範　大　學
職　業　教　育　師　資　培　育	周　談　輝	師　範　大　學
技　術　職　業　教　育　理　論　與　實　務	楊　朝　祥	師　範　大　學
心　　　理　　　學	張　春　興 楊　國　樞	師　範　大　學 臺　灣　大　學
心　　　理　　　學	劉　安　彥	美國傑克遜州立大學
人　事　心　理　學	黃　天　中	美國奧克拉荷市大學
人　事　心　理　學	傅　肅　良	中　興　大　學
社　會　心　理　學	趙　淑　賢	
社　會　心　理　學	張　華　葆	東　海　大　學
社　會　心　理　學	劉　安　彥	美國傑克遜州立大學

三民大專用書 (四)

書　　　名	著 作 人	任　　　職
考　銓　制　度	傅　蕭　良	中　興　大　學
員 工 考 選 學	傅　蕭　良	中　興　大　學
作　業　研　究	林　照　雄	輔　仁　大　學
作　業　研　究	楊　超　然	臺　灣　大　學
作　業　研　究	劉　一　忠	美國舊金山州立大學
系　統　分　析	陳　　進	美國聖瑪麗大學
社 會 科 學 概 論	薩　孟　武	前臺灣大學教授
社　　會　　學	龍　冠　海	前臺灣大學教授
社　　會　　學	蔡　文　輝	美國印第安那大學
社　　會　　學	張華葆主編	東　海　大　學
社 會 學 理 論	蔡　文　輝	美國印第安那大學
社 會 學 理 論	陳　秉　璋	政　治　大　學
西 洋 社 會 思 想 史	龍　冠　海 張　承　漢	前臺灣大學教授 臺　灣　大　學
中 國 社 會 思 想 史	張　承　漢	臺　灣　大　學
都市社會學理論與應用	龍　冠　海	前臺灣大學教授
社　　會　　變　　遷	蔡　文　輝	美國印第安那大學
社 會 福 利 行 政	白　秀　雄	政　治　大　學
勞　工　問　題	陳　國　鈞	中　興　大　學
社 會 政 策 與 社 會 行 政	陳　國　鈞	中　興　大　學
社　會　工　作	白　秀　雄	政　治　大　學
團　體　工　作	林　萬　億	臺　灣　大　學
文 化 人 類 學	陳　國　鈞	中　興　大　學
政 治 社 會 學	陳　秉　璋	政　治　大　學
醫 療 社 會 學	藍采風 廖榮利	印第安那中央大學 臺　灣　大　學
人　口　遷　移	廖　正　宏	臺　灣　大　學
社　區　原　理	蔡　宏　進	臺　灣　大　學
人　口　教　育	孫　得　雄	東　海　大　學
社　會　階　層	張　華　葆	東　海　大　學
社 會 階 層 化 與 社 會 流 動	許　嘉　猷	臺　灣　大　學
普 通 教 學 法	方　炳　林	前師範大學教授
各 國 教 育 制 度	雷　國　鼎	師　範　大　學
教 育 行 政 學	林　文　達	政　治　大　學
教 育 行 政 原 理	黃昆輝主譯	師　範　大　學
教 育 社 會 學	陳　奎　憙	師　範　大　學
教 育 心 理 學	胡　秉　正	政　治　大　學

三民大專用書 (三)

書　　　名	著　作　人	任　　　職
公 共 政 策 概 論	朱　志　宏	臺　　灣　　大　　學
中 國 社 會 政 治 史	薩　孟　武	前臺灣大學教授
歐 洲 各 國 政 府	張　金　鑑	政　　治　　大　　學
美 　國 　政 　府	張　金　鑑	政　　治　　大　　學
中 美 早 期 外 交 史	李　定　一	政　　治　　大　　學
現 代 西 洋 外 交 史	楊　逢　泰	政　　治　　大　　學
各 國 人 事 制 度	傅　肅　良	中　　興　　大　　學
行 　　政 　　學	左　潞　生	前中興大學教授
行 　　政 　　學	張　潤　書	政　　治　　大　　學
行 政 學 新 論	張　金　鑑	政　　治　　大　　學
行 　　政 　　法	林　紀　東	臺　　灣　　大　　學
行政法之基礎理論	城　仲　模	中　　興　　大　　學
交 通 行 政	劉　承　漢	成　　功　　大　　學
土 地 政 策	王　文　甲	前中興大學教授
行 政 管 理 學	傅　肅　良	中　　興　　大　　學
現 代 管 理 學	龔　平　邦	逢　　甲　　大　　學
現 代 企 業 管 理	龔　平　邦	逢　　甲　　大　　學
現 代 生 產 管 理 學	劉　一　忠	美國舊金山州立大學
生 產 管 理	劉　漢　容	成　　功　　大　　學
品 質 管 理	戴　久　永	交　　通　　大　　學
企 業 政 策	陳　光　華	交　　通　　大　　學
國 際 企 業 論	李　蘭　甫	香 港 中 文 大 學
企 業 管 理	蔣　靜　一	逢　　甲　　大　　學
企 業 管 理	陳　定　國	臺　　灣　　大　　學
企 業 概 論	陳　定　國	臺　　灣　　大　　學
企 業 組 織 與 管 理	盧　宗　漢	中　　興　　大　　學
企 業 組 織 與 管 理	郭　崑　謨	中　　興　　大　　學
組 織 行 為 管 理	龔　平　邦	逢　　甲　　大　　學
行 為 科 學 概 論	龔　平　邦	逢　　甲　　大　　學
組 織 原 理	彭　文　賢	中　　興　　大　　學
管 理 新 論	謝　長　宏	交　　通　　大　　學
管 理 概 論	郭　崑　謨	中　　興　　大　　學
管 理 心 理 學	湯　淑　貞	成　　功　　大　　學
管 理 數 學	謝　志　雄	東　　吳　　大　　學
管 理 個 案 分 析	郭　崑　謨	中　　興　　大　　學
人 事 管 理	傅　肅　良	中　　興　　大　　學

三民大專用書 (二)

書　　　　名	著 作 人	任　　職
海　　商　　法	鄭 玉 波	臺　灣　大　學
海　商　法　論	梁 宇 賢	中　興　大　學
保　險　法　論	鄭 玉 波	臺　灣　大　學
商　事　法　論	張 國 鍵	臺　灣　大　學
商　事　法　要　論	梁 宇 賢	中　興　大　學
銀　　行　　法	金 桐 林	華銀資訊室主任
合　作　社　法　論	李 錫 勛	政　治　大　學
刑　法　總　論	蔡 墩 銘	臺　灣　大　學
刑　法　各　論	蔡 墩 銘	臺　灣　大　學
刑　法　特　論	林 山 田	政　治　大　學
刑　事　訴　訟　法　論	胡 開 誠	臺　灣　大　學
刑　事　訴　訟　法　論	黃 東 熊	中　興　大　學
刑　事　政　策	張 甘 妹	臺　灣　大　學
民　事　訴　訟　法　釋　義	石楊 志建 泉華	輔　仁　大　學
強　制　執　行　法　實　用	汪 褘 成	前臺灣大學教授
監　　獄　　學	林 紀 東	臺　灣　大　學
現　代　國　際　法	丘 宏 達	美國馬利蘭大學
現　代　國　際　法　基　本　文　件	丘 宏 達	美國馬利蘭大學
平　時　國　際　法	蘇 義 雄	中　興　大　學
國　際　私　法	劉 甲 一	臺　灣　大　學
國　際　私　法　論　叢	劉 鐵 錚	政　治　大　學
國　際　私　法　新　論	梅 仲 協	前臺灣大學教授
引　渡　之　理　論　與　實　踐	陳 榮 傑	外 交 部 條 約 司
破　產　法　論	陳 計 男	行 政 法 院 庭 長
破　　產　　法	陳 榮 宗	臺　灣　大　學
中　國　政　治　思　想　史	薩 孟 武	前臺灣大學教授
西　洋　政　治　思　想　史	薩 孟 武	前臺灣大學教授
西　洋　政　治　思　想　史	張 金 鑑	政　治　大　學
中　國　政　治　制　度　史	張 金 鑑	政　治　大　學
政　　治　　學	曹 伯 森	陸　軍　官　校
政　　治　　學	鄒 文 海	前政治大學教授
政　　治　　學	薩 孟 武	前臺灣大學教授
政　　治　　學	呂 亞 力	臺　灣　大　學
政　治　學　方　法　論	呂 亞 力	臺　灣　大　學
政　治　學　概　論	張 金 鑑	政　治　大　學
政　治　理　論　與　研　究　方　法	易 君 博	政　治　大　學

三民大專用書 (一)

書　　　名	著　作　人	任　　　職
比　較　主　義	張　亞　澐	政　治　大　學
國　父　思　想　新　論	周　世　輔	政　治　大　學
國　父　思　想　要　義	周　世　輔	政　治　大　學
國　父　思　想	周　世　輔	政　治　大　學
國　父　思　想	涂　子　麟	中　山　大　學
中　國　憲　法　論	傅　肅　良	中　興　大　學
中　國　憲　法　新　論	薩　孟　武	前臺灣大學敎授
中　華　民　國　憲　法　論	管　　歐	東　吳　大　學
中華民國憲法逐條釋義(一)(二)(三)(四)	林　紀　東	臺　灣　大　學
比　較　憲　法	鄒　文　海	前政治大學敎授
比　較　憲　法	曾　繁　康	臺　灣　大　學
美　國　憲　法　與　憲　政	荆　知　仁	政　治　大　學
比　較　監　察　制　度	陶　百　川	前總統府國策顧問
國　家　賠　償　法	劉　春　堂	輔　仁　大　學
中　國　法　制　史	戴　炎　輝	臺　灣　大　學
法　學　緒　論	鄭　玉　波	臺　灣　大　學
法　學　緒　論	孫　致　中	各　大　專　院　校
民　法　概　要	董　世　芳	實　踐　家　專
民　法　概　要	鄭　玉　波	臺　灣　大　學
民　法　總　則	鄭　玉　波	臺　灣　大　學
民　法　物　權	鄭　玉　波	臺　灣　大　學
民　法　債　編　總　論	鄭　玉　波	臺　灣　大　學
民　法　總　則	何　孝　元	前中興大學敎授
民　法　債　編　總　論	何　孝　元	前中興大學敎授
判　解　民　法　物　權	劉　春　堂	輔　仁　大　學
判　解　民　法　總　則	劉　春　堂	輔　仁　大　學
判　解　民　法　債　篇　通　則	劉　春　堂	輔　仁　大　學
民　法　親　屬　新　論	陳　棋　炎	臺　灣　大　學
民　法　繼　承	陳　棋　炎	臺　灣　大　學
公　司　法	鄭　玉　波	臺　灣　大　學
公　司　法　論	柯　芳　枝	臺　灣　大　學
公　司　法　論	梁　宇　賢	中　興　大　學
土　地　法　釋　論	焦　祖　涵	東　吳　大　學
土　地　登　記　之　理　論　與　實　務	焦　祖　涵	東　吳　大　學
票　據　法	鄭　玉　波	臺　灣　大　學